CODE TAHITIEN

PUBLIÉ EN L'ANNÉE 1842.

E MAU TURE

IRITI API HIA.

E MAU TURE

IRITI HIA I ROTO I TE APOO RAA
A TE MAU IRITI TURE I TE AVAE RA IA ME TE MATAHITI HOE
TAUATINI E VAU HANERE E MAHA AHURU MA PAE

NO TE HAAPAO RAA

o te

HAU TAMARU

I TEIENEI MAU FENUA

TOTAIETE.

PAPEETE
Nenei hia i te nenei raa a te Hau Tamaru.

1845.

E MAU TURE

IRITI API HIA.

TURE 1.

NO TE TAPARAHI TAATA.

Irava 1.

Ia taparahi noa te hoe taata i te tahi i roto i teie nei Hau Tamaru, e fetii noa iho ra, fetii noa tu, e taata e ra, taata e noa tu, mai te hinaaro mau, e te opua mau e taparahi, e pohe roa tura taua taata ra; e haava hia ia e faautua hia, teie te utua no te taparahi taata, e tari, e ia pohe roa.

Irava 2.

E afai mai taua taata ra i Papeete nei haava ai. Na te Auvaha e faaite e e parau i te mau Toohitu atoa, e te feia toroa toa e haere mai i Papeete nei i te haava raa i taua taparahi taata ra; e ia tairuru te mau Toohitu e te feia toroa ei reira e haava ai, e faautua ai. E ia oti i te faautua hia e papai te mau Toohitu e te haava i te parau i te Auvaha ra, e ia tia iana i te ri ra, eri ia, e aore ra, eiaha ia.

Irava 3.

Oia toa te Metua e te fetii, e aore ia o te taata e iho ia taparahi i te tamarii rii fanau api, e o tei hamani ino atoa i te tamarii fanau ore i roto i te opu, e taparahi taata toa ia, e haava toa i te reira, e faautua toa hoi i te utua tari, e ia pohe roa.

Irava 4.

Ei Papeete nei â haava ai e tari ai i te mau taparahi taata toa no te mau Mataeinaa toa i Tahiti e Moorea, eiaha e tari haere noa i tera vahi e tera vahi, e ia putuputu atoa mai hoi te feia toroa no Tahiti e Moorea.

Irava 5.

E taata Tahiti tei taparahi i te taata Tahiti ra, Na te Auvaha ïa na Paraita e faaiti i tana utua. Ia tia i te Auvaha i te ri ra, e ri ia; ia tia iana i te uta i te tahi fenua ê ra, e uta ia; ia tia hoi iana i te faaore i tana utua, e tia ïa.

No te mau taata toa e taparahi i te Farani, e te papaa; e taata maohi ra o te reira ïa, e Farani ra, o te reira ïa, e papaa ra o te reira ïa. Na te Arii ïa no te Farani e faaore i tana utua, e aore ra, na tona Auvaha e parahi i Tahiti nei na reto i te Ioa o te Arii.

Irava 6.

No te taata aore i pohe roa. Te taata toa e taparahi i te taata mai te opua mau e taparahi ia pohe roa, e ua tuia i te ofai, ua tairi i te raau, ua tapu i te oe, ua patia i te tipi, e ua rave hoi i te tahi peu ê e pohe ai te taata; na te hoe meaê ra i arai i ora' i te taata i taparahi hia ra, ua paruparu ra; e haava ia e faautua i te taata i taparahi, (e Farani ra, e Farani ïa, e papaa ra, e papaa ïa, e taata Tahiti ra, e taata Tahiti ïa) tera te utua 160 tara: 100 na te taata i paruparu, e hoo atoa i te taime ia maoro te paruparu raa, e te rapaau raa hoi; e piti ahuru tara na te Hau Tamaru, e piti ahuru tara na te Tavana o te vahi i tupu ai taua hara ra, e piti ahuru tara na te mau Imiroa.

E Farani e te papaa tei rave i teienei hara, ei moni anae ïa tana utua, hoe hanere e ono ahuru tara; e taata maohi ra hoe atoa hanere e ono ahuru tara tana utua, e ua nia ra i te taoa maitai e au i te ture; ei moni, ei puaa, ei mori, e ia tae roa te faito i te moni hoe hanere e ono ahuru tara.

E aore roa i hoona vave teienei utua, ia hinaaro tei hamani ino hia i te ohipa, o te reira ïa, e rave te taata i haava hia i te reira, e ia tae te au raa i te utua mau hoe hanere e ono ahuru tara, eiaha te taoa rii ino faufaa ore e rave hia e te feia toroa ei utua no teienei hara.

Irava 7.

No te taata i pohe roa, aita ra te taata i taparahi i opua e taparahi e ia pohe roa, ua pohe roa tura ra. — Mai te mea ua moto noa i te rima, ua tata i te raau, ua hopara i raro i te tai, e ua rave i te tahi mauhaa ê, aore ra i opua ia pohe roa te taata i taparahi hia ra. Ia manao te feia e faa imiroa hia ra, e ere te hinaaro e taparahi ia pohe roa to tana taata i rave ra, e haava hia e faautua hia tera tana utua, e uta tu i Maatea e pohe noa tu oia i reira ; ia faahoihia mai oia e te Auvaha a muri atu, ua faahoihia mai ia.

Ia manao te haava e tuu i teienei utua e uta i Maatea nei, na te Farani e te papaa ia hapa i teienei hara opua ore hia e taparahi ia pohe roa, ua pohe roa rā ; e tia ia iana ia na reira.

Irava 8.

No te taata e hamani ino hia e vetahi ê ra : Ia tairihia i te raau, ia moto hia i te rima, ia pehihia i te ofai, e i te tahi mau ravea rii ê atoa, e au i te hamani ino mau, i te vahi moemoe, e i te vahi taata toa hoi ; e haava hia te taata i rave i teienei mau peu i te hamani ino ia vetahi ê ra ; tei te taata hamani ino hia ra i te afai i te taata i hamani ino iana i te haava ra, e aore i afai hia i te haava ra ia haava hia, ore noa tu ia tei iana iho. Ia afai hia ra, e ia haava hia, e ia itea mau hia e ua hara, e faautua hia ia e piti ahuru tara te utua ; hoe ahuru tara ma hoe na tei hamani ino hia, e toru tara na te Hau Tamaru, e toru tara na te Tavana o te vahi i tupu ai taua hara ra, e toru tara na te mau Imiroa.

Ta te Farani, e te papaa, e te taata maohi atoa teienei utua e piti ahuru tara no teienei hara ; na ma rā ta te taata maohi i te taoa maitatai e au i te ture, e faaau maite e ia tae te faito i te piti ahuru raa o te tara ; na te taata hamani ino hia hoe ahuru ma hoe tara, na te Hau Tamaru e toru tara, na te Tavana o tona iho fenua mau e toru tara, na te mau Imiroa e toru tara ia faito i te taoa ra.

Irava 9.

Te taata tara vahine e taparahi mau i te tane i rave mau i tana vahine, mai te opua mau e taparahi ia pohe roa, e ua pohe roa tura ; e haava hia ia e faautua hia, tera tana utua, e tari; mai te taparahi taata mau ia i roto i te irava hoe o teienei ture.

Te taata vahine e taparahi noa i te taata i rave i tana vahine mai te opua ore ia pohe roa, ua pohe roa tura rá iana, e haava hia ia e faautua hia, tera tana utua, e uta i Maatea, mai tei faaite hia i te irava hitu nei.

O te moto noa rá, e te pahure rii ra, e te mau peu rii atoa e ore e au i te taparahi mau, e aore hoi i pohe roa, e aore hoi i rahi te parupanu, eiaha ia e haavahia te taata vahine; ua hape rahi roa te taata i rave i ta vetahi é ra vahine.

E te vahine tara tane e rave i teienei hara, e ua taparahi mau i te vahine i rave hia e tana tane, e pohe mau atura, e haava hia ia; e ia au tana hara i te irava hoe o te reira ia; e ia au i te irava hitu o te reira ia; te mau pahure rii rá, eiaha ia haava hia; no te inoino aau ia i tupu ai, oia i rave i tana tane. Tei te itea raa ia rauaiho te tia raa ia tamai rii; e itea ia vetahi é ra, e ua tae i nia i te ture; eiaha ia e rave noa lo, na te ture ia e rave.

Irava 10.

Te taata i rave i te hara i Tahiti nei, e au i te uta i Maatea, e ua uta hia tura i Maatea, e ua rave faahou i te hara i reira e au i te uta; e to Maatea iho hoi taata ia rave i te hara e au i te uta, e uta tia tu ia i Matahiva, e aore i reira, ei te tahi fenua ê atu, a vaiho ai, e ia pohe atu i reira.

TURE 2 E TE 3.

NO TE MAU AVA PAPAA E TE UAINA, E TE MAU MEA PAPAA TOA E TAERO RA.

O te mau haapao raa toa no te mau Ava papaa, e te mau Uaina toa, e te mau mea papaa toa e taero ai ra, e haapao ia i te mau faaue raa a te Auvaha o te Arii o te Farani, e iriti hia hoi ei parau Tahiti, e mono atu i te ture piti e te ture toru no te matahiti 1842, e hapono haere hia i te mau haava toa.

TURE 4.

NO TE HOO RAA I TE MAU TAOA TOA NEI.

No te mea aore teienei ture i irithia i te apoo raa a te mau iriti ture i te matahiti 1845. E haapao a te haava i te ture 4, no te hoo raa, tei faatiahia i te matahiti 1842, maori ra i te mau vahi rii atoa e ore e au mai i teienei mau ture api.

TURE 5.

NO TE MAU AVA TOA E HAMANI HIA I TAHITI E I TE MAU FENUA ATOA I ROTO I TEIENEI HAU RA.

Aore i faatiahia e te Auvaha o te Arii te ture api i iriti hia i te apoo raa a te mau iriti ture i teienei matahiti 1845; te faaore hia nei ia, e haapao a te haava i te ture 5 no te mau ava maohi tei faatiahia i te matahiti 1842.

TURE 6.

NO TE UPAUPA.

Irava 1.

Te faaore nei teienei ture api i te ture ono tei faatiahia i te matahiti 1842. E vaiho noa te mau Upaupa toa ia upaupa noa na, e ia ori haere noa na, e ia faita noa na; Ia tae rá i te hora vau i te ahiahi ra, e faaoti ia te mau upaupa toa.

Irava 2.

Eiaha ra te tiafera e te ohure tupou, e mea ino ia, e te faaore hia nei ia e teienei ture. Ia na reira ra, e haava hia ia e faautua hia, e tane ra, e tane ia, e vahine ra e vahine ia; tera te utua, e toru tara : hoe tara na te Hau Tamaru, hoe tara na te Tavana o tona iho fenua mau, hoe tara na te mau Imiroa.

Irava 3.

O te taata toa ia faatupu i te peapea i taua ori raa, mai te ori e faatupu i te faaturi, te eia, te taero ava, te faatupu i te tamai ra, e te faaino i te maitai o te feia api, e te mau peu atoa e tupu ai te peapea ra; o te taata ra ia na reira, e parau atu ia te Mutoi iana e haere e atu, e haava hia hoi taua taata ra e faautua hia; tera tana utua, e pae umi aratia, e aore ia ei ohipa è ae na te Hau Tamaru.

Ia tupu te peapea no te Upaupa i roto i te hoe Mataeinaa, mai teie nei mau peu peapea i faaitehia i nia nei, E faaore ae ia te feia Mana o taua Mataeinaa ra, i te mau Upaupa toa i roto i taua Mataeinaa ra, e tuu mai hoi i taua ohipa ra i roto i te rima o te Auvaha o te Arii o te Farani, e te Auvaha Tahiti nei.

TURE 7.

NO TE RAVE RAA A TE TARA VAHINE E TE TARA TANE.

Irava 1.

Ia rave te hoe taata tara vahine i te hoe vahine tara tane, e haava hia ia e faautua hia; tera ta te tane utua, e pae puaa e toru na te tane a te vahine i rave hia e ana ra, hoe na te Hau Tamaru, hoe na te mau Imiroa, e aore e puaa ra, ei moni hoe ahuru tara; ei aratia hoi ta te Hau Tamaru, e maha umi te roa, e toru etaeta te aano. Tera ta te vahine utua e moni hoe ahuru tara, e pae tara e te afa na te vahine a te tane i rave hia e ana ra, hoe tara e te afa na te Hau Tamaru, hoe tara e te afa na te Tavana o tona iho fenua mau, hoe tara e te afa na te mau Imiroa.

Irava 2.

Ia rave te hoe taata tara vahine i te tahi vahine taa noa, e te vahine tara tane hoi ia rave i te hoe taata taa noa; e haavahia ia e faa utua hia, e haapao a hoi te utua e te utua i faaite hia i te irava hoe nei.

Irava 3.

Na te feia hamani ino hia nae ra, e faatupu i te haava raa no te tara tane e te tara vahine, maori ra i te Ino rahi haama i rave hia i te vahi taata ra, ei reira e tia' i i te feia toroa ia faatupu i te haava raa no te feia hara.

Irava 4.

O te mau vahine atoa e haere noa i nia i te pahi mai te faatia ore hia, na hara ia i teienei ture; e haavahia te vahine ia na reira e faa utua hia, tera tana utua, hoe umi o te ahu maohi.

Irava 5.

O te taata toa, te tane e te vahine ia itea hia e ua tararo i te tahi è, mai te parau atu e te mau mea toa e au i te tararo ra, e haava hia ia e faautua hia; tera tana utua, e hitu puaa, e piti na te tane a te vahine hara, e piti na te vahine a te tane hara, hoe na te Hau Tamaru, hoe na te Tavana o tona iho fenua mau, hoe na te mau Imiroa : e moni te utua ra, hoe ia ahuru ma ono tara, e pae na te vahine a te tane hara, e pae na te tane a te vahine hara, e piti na te Hau Tamaru, e piti na te Tavana o tona iho fenua mau, e piti na te mau Imiroa.

E tara hoe tei tararo hia ra, e pae te ia puaa ta te tararo utua, e piti na tei hamani ino hia ra, hoe na te Hau Tamaru, hoe na te Tavana o tona iho fenua mau, hoe na te mau Imiroa. E moni te utua ra, hoe ae ia ahuru tara; e pae tara e te afa na tei hamani ino hia ra, hoe tara e te afa na te Hau Tamaru, hoe tara e te afa na te Tavana o tona iho fenua mau, hoe tara e te afa na te mau Imiroa.

Mai te mea e tane taa noa e te vahine taa noa tei tararo hia e teienei tararo; e hopoi ia te pae au utua a tei hamani ino hia ra tei faaite hia i nia nei, na te Metua o te vahine i tararo hia.

O te taata toa, a piti aera hara raa i teienei hara tararo, e haava hia â ia e faautua hia i teienei utua i faaite hia nei; e tapea toa iana i te fare tapea raa no te piti o te hara raa, ia hoe ae ahuru ma pae mahana, i te tapea raa, e ia manao te haava e poto teienei tau mahana, e tia iana ia haamaoro noa tu e tae noa tu i te piti o te avae.

E ia hara faahou oia i te toru o te hara raa, tera ia tana utua, e uta è atu iana i te Tahiti fenua e.

Irava 6.

E vaiho noa hia te tamarii i to ratou ra mau Metua, eiaha ra te mau Metua e faarue taue i ta ratou mau tamarii ia ori haere noa na. E rave maitai ra ratou i ta ratou mau tamarii. Ia ore te mau tamarii ia faaroo i te ao maitatai a to ratou mau Metua, e ia ore ia tia i te mau Metua ia faaore i te reira Ino, e faaite mai ia ratou i te feia toroa.—E tia i te mau Metua ia faatupu i te haava raa no tei faatupu i te Ino i roto i te fetii, e taata è ra, taata è noa tu, e no tana fetii ra, no reira noa tu.

TURE 8.

NO TE FAAIPOIPO RAA I TE FARANI, TE PAPAA, E TE TAATA MAOHI.

Te faaore nei teienei ture api i te ture vau i faatiahia i te matahiti 1842. Te faatia nei teienei ture api ia faaipoipo noa te Farani e te papaa i te taata maohi.

Irava 1.

Ia hinaaro te hoe tane farani e te papaa i te faaipoipo i te hoe vahine maohi, e te hoe vahine Farani e te vahine papaa hoi i te faaipoipo i te hoe tane maohi, e tia ia ratou ia na reira, e haapao maite rā ratou i te ture Farani e te ture Tahiti no te faaipoipo raa. E ia oti i te faaipoipo ra, e ore roa raua e faataahia e pehe noa tu te tahi, maori rā no teienei mau mea e faaitehia i raro ae nei.

Ia faaipoipo te hoe tane Farani e te hoe tane papaa i te tahi vahine maohi, e haere atura oia i te tahi fenua papaa, faarue noa maira oia i tana vahine i Tahiti nei, e aore i hoi mai i tana vahine, e aore hoi i papai noa mai i te parau i tana vahine, e tia'i ia teienei vahine, e toru ae matahiti i te tia'i raa, e aore ā i hoi mai, e tia ia i teienei vahine ia ani mai ia faataahia raua. E rave ia te haava e imi maitai i te huru o tana ani raa; e au hoi ia faatia tu, e au hoi ia patoi atu, mai te faaau maitai i te mau haapao raa toa o taua parau ra.

Irava 2.

O te mau taoa toa a te vahine i te faaipoipo raa ra, e vaiho noa hia ā ia na te vahine e te mau tamarii. E ore roa e tia i te tane ia hoo é, e ia horoa é i te taoa a te vahine. Mai te mea rā, ia horoa noa mai te fetii o te vahine i te tahi taoa é na te tane, e tia ia iana ia hoo i te reira, ia faatia hia mai tana hoo raa e te parau papai no taua taoa horoa hia ra.

TURE 9.

NO TE FAAIPOIPO RAA I TE TANE TAATA MAOHI, E TE VAHINE MAOHI

No te mea aore teienei ture i iritihia i te apoo raa a te mau iriti ture i teienei matahiti 1845. E haapao a te haava i te ture 9 no te faaipoipo raa tei faatiahia i te matahiti 1842, maori ra i te mau vahi rii atoa e ore e au mai i teienei ture api.

TURE 10.

NO TE MAU PUAA I HAERE I NIA I TE MOUA, I ROTO ROA I TE PEHO FEI RA.

No te mea aore teienei ture i iritihia i te apoo raa a te mau iriti ture i teienei matahiti 1845. E haapao a te haava i te ture 10, no te mau puaa i haere i to vetahi é peho fei ra, tei faatia hia i te matahiti 1842. Maori ra i te mau vahi rii atoa e ore e au mai i teienei mau ture api.

TURE 11.

NO TE TEIA E ARA HAERE I TE RUI E UA PARAU HIA E MUTOI.

Aore teienei ture i iriti hia i te apoo raa a te mau iriti ture i teienei matahiti 1845 e haapao a te haava i te ture 11 no te mau mutoi ra, tei faatia hia i te matahiti 1842 ; maori ra i te mau vahi rii atoa e ore e au mai i teienei mau ture api.

TURE 12.

NO TE HOROA RAA E TE HOO RAA E TE TARAHU RAA FENUA E TE FARE.

Te faaore nei teienei ture i na ture hoe ahuru ma piti, e te ture hoe ahuru ma toru, tei faatiahia i te matahiti 1842.

Irava 1.

E tia noa i te mau fatu fenua, e te mau fatu fare, ia horoa noa, e ia hoo, e ia tarahu hoi i te tahi pae au, e i te vahi atoa hoi o to ratou fenua, e te fare mau i ta ratou i hinaaro ra ; e faaau maite ra te hoo raa, e te horoa raa, e te tarahu raa toa i te irava piti e te toru, o teienei ture.

Irava 2.

E ore roa e tia i te taata maohi ia hoo, e ia tarahu i te tarahu raa roa, e ia horoa noa i tona fare e te fenua, i te hoe

Farani e te papaa, ia ore oia ia haapao i te mau faaue raa a te Auvaha o te Arii o te Farani, te Tavana.

Irava 3.

O te mau tarahu raa fenua e te fare atoa i hau atu i na matahiti e pae ; e o tei ore hoi i taea te pae o te matahiti, o te tia rä ia faapi hia e te hinaaro o tei tarahu mai, e faariro hia ïa ei tarahu raa roa.

Irava 4.

E tia noa i te Auvaha o te Arii o te Farani i te mau tau atoa, ia titau mai i te hoo raa e te tarahu raa maoro o te mau fenua e te taoa toa, no te maitai o te Hau Tamaru.

Irava 5.

Te mau hoo raa, te horoa raa e te tarahu raa roroa toa no te fenua e te fare, tei faatia hia i muri mai i te faatia raa o teienei Hau Tamaru, e o tei papai mau hia i roto i te parau fenua, e faatia mau hia ïa.

O te mau fenua toa i hinaaro hia e te Hau Tamaru, no te faatia raa i teienei Hau Tamaru; na te Hau Tamaru iho â ïa. Ia parau mai te hoe fatu e nona taua fenua ra, e ia itea hia e nona mau, e faautua hia ïa oia no taua fenua ra, e faaau hia te faautua raa o taua fenua ra, i te mau hoo raa, e te tarahu raa fenua, a faatia hia'i teienei Hau Tamaru.

TURE 13.

NO TE FAAORE ROA RAA I TE TARAHU HAERE RAA I TE FENUA, I TE MAU TAATA E.

Ua faaore hia te Ture tahito 13 e te Ture api 12 tei faatia hia i teienei matahiti 1845, tei faaite hia i nia nei : e hio maitai te haava e te mau taata toa i tei reira Ture api no te Tarahu raa i te fenua.

TURE 14.

NO TE FAAAPU RAA I TE FENUA.

No te mea aore teienei Ture i iritihia i te apoo raa a te mau iriti Ture i teienei matahiti 1845, e haapao a te haava i te Ture 14 no te faaapu raa i te fenua, tei faatiahia i te matahiti 1842, maori ra i te mau vahi rii atoa e ore e au mai i teienei mau ture api.

TURE 15.

NO TE TARA VAHINE, E TE TARA TANE.

No te mea aore teienei Ture i iritihia i te apoo raa a te mau iriti Ture i teienei matahiti 1845, e haapao a te haava i te ture 15 no te tara vahine e te tara tane, tei faatiahia i te matahiti 1842. Maori ra i te mau vahi rii atoa e ore e au mai i teienei mau ture api.

TURE 16.

NO TE FAARUE TANE E TE FAARUE VAHINE.

Irava 1.

Eiaha roa te tane e faarue noa i tana vahine, eiaha hoi te vahine e faarue noa i tana tane, mai te hara tia ore i te haava. Ia faarue ra, e aratai ia te feia toroa, ia parau hia mai e tei faarue hia ra, i mua i te aro o te haava, e na te haava e ao atu iana : Eiaha *e* na reira. E ia maro â i te faarue, e aore roa i faaroo mai i te ao a te haava ra, e aratai mai â te feia toroa i mua i te aro o te haava, e ia parau mai tei faarue hia ra : e haava ; e rave ia te haava e haava e faa utua i tei faarue ra ; tera tana utua, e aufau mai tei faarue i te taoa na tei faarue hia ra, e maha tara i te avae hoe, e tae noa tu i te hoi raa o tei faarue ra i tei faarue hia e ana. Ia ore teienei tau tara e maha ia aufau maitai hia i te mau avae atoa ; e afai hia ia taua taata i faautua hia ra, i roto i te fare tapea raa, vaiho noa tu ai i reira, e hope noa mai taua utua nana ra.

Irava 2.

Ia pohe te vahine a te hoe taata, e te ora ra te *teina* mau o taua vahine nana i pohe ra, e ia hinaaro rana i te faaipoipo, faaipoipo noa tu ; oia toa hoi te tuaana.

TURE 17.

NO TE RAVE INO E TE HAMANI INO IA VETAHI E.

Irava 1.

Eiaha roa te tane e hamani ino i tana vahine, mai te taparahi atu, te tiavaru haere roa, e mai te haapoia mau hoi, etc., etc. Ia na reira ra te tane, e haava hia ia e faautua hia, ia ore te vahine ia faaore mai i te haava raa : tera tana utua : e aratia na te Hau Tamaru e piti umi te roa, e toru etaeta i te aano.

Ia tupu mai te mai, e ia paruparu, e ia pohe roa hoi te vahine no taua hamani ino raa ra, e faautua tu ia te haava i taua taata hamani ino ra, i te mau utua i faaite hia i roto i te ture hoe no te taparahi taata.

Irava 2.

Ia rave ino te hoe taata i te tahi vahine, e ia rave puai atu, mai te numi atu ia ore taua vahine ra ia oto, e te tahi atoa mau peu ino ia roaa mai tana i hinaaro ra, ua hara ia i teienei ture ; e haavahia ia e faautua hia, tera tana utua, ei te piti ahuru o te tara, e ia manao te haava e iti teienei utua, e tia iana ia faarahi e tae noa tu i te ono raa o te ahuru na te vahine i hamani ino hia ra ; e tapea toa hoi i te fare tapea raa, ia hoe ae avae i te tapea raa, e ia manao te haava e mure ia tau mahana, e tia iana ia haamaoro e tae noa tu i te ono raa o te avae, e faaau maite â i te rahi raa o te hara.

Irava 3.

Eiaha roa te taata e opua i te parau ino i roto i teienei Hau Tamaru, mai te hamani ino i te Auvaha o te Arii o te Farani, e te Auvaha Tahiti nei, e te mau taata mana toa i roto i teienei Hau Tamaru ; e mai te tutui hoi i to vetahi ê ra fare, e mai te taparahi i te taata, e te mau hara rarahi atoa ia opua mau hia. Ia na reira ra, e haava hia ia e faautua hia, tera tana utua e uta i Maatea. Ia oti teienei taata i te faautua hia : e papai a te parau i te Auvaha ra, e ia tia mai iana i te uta, e uta ia, e aore ra, atire ia.

I teie atoa nei mau hara i faaitehia i roto i teienei Irava, no te opua raa i te Ino i te Farani e te papaa ; e taata maohi ra, o te reira ia, e Farani ra o te reira ia, e papaa ra, o te reira ia, na te Arii ia o te Farani e faaore i tana utua, e ore ia, na tona Auvaha e parahi i Tahiti nei, na roto i te Ioa o te Arii.

TURE 17—4.

NO TE FAAINO, E TE PIE HAAVARE.

Irava 1.

Eiaha roa te taata e parau i te parau haavare, e ino ai te roo maitai, e te faufaa o te tahi. Ia na reira ra, e haava hia ia e faautua hia mai tei faaitehia i te irava piti, te toru, e te irava pae o teienei ture.

Irava 2.

Ia faaino te hoe taata i te tahi, mai te pari haavare i te hoe hara rahi ra ; mai te taparahi taata ra, mai te eia ra, e te mau hara rarahi atoa, tera tana utua, e moni e ono ahuru tara ; e maha ahuru tara e ma piti na tei hamani ino hia ra, e ono tara na te Hau Tamaru, e ono tara na te Tavana o tona iho fenua mau, e ono tara na te mau Imiroa.

E tia i te haava ia haapahee mai i teienei utua e nia roa, i te moni e piti ahuru tara, ia faaau maite te haava i te haapao raa e te huru o te hara, e haapao â te tuha raa o te utua, e tei faaite hia i nia nei.

Irava 3.

Ia pari haavare noa te hoe taata i te tahi i te hara rii haihai ae i tei faaite hia i te Irava piti nei ; mai te pari haavare, e ua rave te hoe tane i te tahi vahine, e te mau hara toa e au i teienei hara te rahi, tera ia tana utua e piti ahuru tara, hoe ahuru ma hoe na tei pari haavare hia, e toru tara na te Hau Tamaru, e toru na te Tavana o tona iho fenua mau e toru na te mau Imiroa.

E tia toa i te haava ia haapahee mai i teienei utua e tae roa mai i te moni hoe ahuru ma piti tara, e faaau maite â i te haapao raa e te huru o te hara, e haapao a hoi te tuha raa e tei faaite hia i nia nei.

Irava 4.

Eiaha roa te taata e pari haavare haere noa i te tahi i roto i te haava raa, mai te ite e parau haavare tana e parau ra. O te taata ra e na reira, te faaino ra ia oia i te tahi, e haapao te haava ia faautua iana i te huru o tana faaino raa, mai tei faaite hia i te Irava piti, te toru, e te pae o teienei ture.

Irava 5.

I teie atoa nei mau hara i faaite hia i nia nei, ia faaau i te rahi raa o te hara. E tia toa i te haava ia tuu atoa tu i teienei utua : e tapea i teienei taata hara i te fare tapea raa, ia hoe ae ahuru ma pae mahana, e ia manao te haava, e pohe teienei tau mahana hoe ahuru ma pae nei e tia iana ia haamaore atu e tae noa tu i te toru o te avae.

TURE 18.

NO TE TAPATI, E TE HAAPII RAA I TE TAMARII.

Te faaore nei teienei ture api i te ture hoe ahuru ma vau tei faatiahia i te matahiti 1842.

Irava 1.

O te taata e ore e haere i te fare pure raa, e faaroo i te parau a te Atua, ua hape ia : e ore râ te ture e titau atu iana e na reira. Ia hinaaro te taata i te haere i te hoe fare pure raa è, e faaroo i ta ratou parau, tei ia ratou iho ia, e ore roa teienei ture e haapeapea noa tu ia ratou no te reira.

Irava 2.

Ia rave te taata i te mau ohipa tia ore i te mahana Tapati ; mai te faaapu ra, mai te tarai fare ra, mai te Ana ra, e mai te ravaai ra, te tarai vaa ra, mai te vau mori ra, e te amo haere i te taoa i tera vahi, i tera vahi e hoo ra, e te mau ohipa rarahi atoa ra, etc., etc., e haava hia ia e faautua hia tera ta te tane utua, e aratia e toru umi i te maoro, e toru etaeta te aano, ta te vahine ra utua, ei moni ia e toru tara, hoe tara na te Hau Tamaru, hoe tara na te Tavana o tona iho fenua mau, hoe tara na te mau Imiroa : area ra te mau ohipa rii nei, mai te hopu raa vai ra, te tahu i te ahimaa, e te ori haere, te hoe haere i te poti e te vaa, e te mau ohipa rii atoa e au ia rave i te Tapati ra, atire noa tu ia, e ore ia teienei ture e hio noa tu i te reira.

Irava 3.

No te Tamarii. E faaitoito maitai te feia fanau tama e te feia faamu tamarii nei e tia' i. Eiaha te tamarii e haamau haere hia i te mau fare o te taata ê ra ; e parahi rà te tamarii i te fare o to ratou iho ra mau Metua, e to ratou iho fetii e tia' i. Te taata e haamataro i te haamau ta vetahi ê tamarii i tona fare, e aore oia i parauhia e te Metua mau o tana mau Tamarii i haamauhia ra, ua hapa ia ; e haava hia tana taata i haamau haere i ta vetahi ê tamarii i te vahi hoe ia hauti haere, e faautua hia i te ohipa, e pae umi aratia. Area te haaputu no te haapii raa i te parau a te Atua, e tia ia.

Irava 4.

Te feia Metua e te feia faamu tamarii e ore e faaitoito i te aratai raa mai i to ratou ra mau fare, e i te fare haapii raa hoi, e ia ore ia hio maitai i to ratou tae raa i te fare haapii raa, ia ite i te taio e te papai i te parau a te Atua, ua hape ia te feia Metua. E haere te mau Tamarii i te haapii raa e tae noa tu i te hoe ahuru ma maha raa o to ratou matahiti, e aore ia, ia ite noa tu ratou i te taio e te papai parau ; e ia hinaaro te feia Metua e aratai noa tu à e ite noa tu ratou i te Numera, tei ia ratou iho ia. Te mau Metua e ore e hapao i teienei ohipa, e parau atu ia te feia toroa ia ratou, e tono i ta ratou tamarii i te haapii raa, e ia ore ratou ia faaroo, e aore i tono i ta ratou mau tamarii i te haapii raa ; e aore a i faaroo, e aratai ia te feia toroa i te mau Metua i mua i te aro o te haava, e na te haava e ao atu ia ratou, e na te feia toroa e hio i te tae raa ta ratou mau tamarii i te haapii raa.

Irava 5.

Te Tamarii faatau noa i te tahi mau mahana aore i tae mai i te haapii raa, e tii te feia toroa e aratai mai, e na te feia haapii e imi i te ravea rii ei faahaama raa ia ratou, e ei faaitoito raa ia ratou ia ore ia faatau i te haapii raa.

E faaitoito atoa te mau tamarii ia ore ia pohe to ratou mau Metua ia ratou i te faatau noa raa, e haere mai à e tia' i.

TURE 19.

NO TE EIA.

Irava 1.

Ia eia te taata i te maa rii no roto i ta vetahi ê ra aua, e ia kinaaro te taata maa i te haava ra, e haavahia ia e faautua hia. E maa iti haihai tei pau ra, e piti ae ia puaa te utua; e moni ra e pae ae ia tara. E maa rahi tei eiahia ra, e maha ia puaa ta te eia e afai mai na te taata maa, e moni ra hoe ia ahuru tara.

Irava 2.

Ia eiahia te taoa ra e faahoi faahou mai te eia i taua taoa i eiahia e ana ra, e aore ia, e hoo mai oia i taua taoa ra, ia hoe a huru te hoo e taua taoa i eiahia e ana ra. E haava hia hoi taua eia ra, e faautua hia; tera tana utua matamua, e piti mai ana taoa e afai mai ei hoo no te taoa hoe. Mai te mea ra e taoa iti haihai tei eiahia ra, e ore e au i te toru o te tara ia tapiti hia, e toru ia tara ta te eia e aufau mai; tera te piti o tana utua, te Ino raa o te taata taoa no taua taoa i pau ra, na te eia e aufau mai na te taata taoa, na te haava ra e faataa maitai te taoa ia aufau mai no teienei Ino raa, Eiaha roa ia iti iho i taua taoa i riro i te eia ra.

Ia eia faahou a teienei taata, e faautua hia â oia i teienei mau utua i faaite hia nei, e faautua toa hia oia i te utua tapea, ei te hoe ahuru ma pae o te mahana, e ia manao te haava e poto teienei tau mahana, e tia iana ia haamaoro atu e tae noa tu i te toru raa o te Avae.

Ia maro â teienei taata i te eia, e a toru aera eia raa, e haava hia â oia e faautuahia, tera tana utua, e tiavaru e atu iana, ia hoe ae matahiti i tona tiavaru raa hia, e ia manao te haava e mure ia e tia iana ia haamaoro atu e tae noa tu i te pae raa o te matahiti.

Irava 3.

Eiaha te mau Imiroa e haru i te taoa a te fetii o te taata i faautua hia; eiaha e parau noa tu ia ratou, na ratou iho ra e hio mai, e aore ra, ore noa tu. E haapao ra ratou i ta ratou faaue raa e te haru raa i te taata i faautuahia ra. E aore roa a te eia e taoa e hoona i tana utua, e faanavai ia i te ohipa mai te faaau maite te rahi raa o te ohipa e te utua, na te taata taoa.

Irava 4.

Ia vavahi te hoe taata i to vetahi e fare e eia i te taoa, e haava hia ia e faautua hia; tera tana utua, e tapea iana i roto i te fare tapea raa, ia hoe ae matahiti i te tapea raa; e faautua toa hia hoi oia i te mau utoa i faaite hia i te Irava piti o teienei ture.

Irava 5.

Te taata ia haere mai i to vetahi e fare vavahi ai i te rui, e imi ia te taata fare i tana ravea i hinaaro no te paruru i ia iana iho, e tona fetii; e ia pohe atu te eia iana i tona paruru raa iana iho, pohe noa tu ia, e ore te ture e haapeapea noa tu i te reira. Ia ora tu ra taua eia ra, e haava hia ia e faautua hia, mai te haapao atu i te irava toru o teienei ture.

TURE 20.

NO TE RAVE INO I TA VETAHI E TAOA.

Irava 1.

E mea moa te mau fare atoa, eiaha roa ia hauti hia. Eiaha roa te taata, e Farani ra, e Farani ia, e papaa ra, e papaa ia, e taata maohi ra, o te reira ia, e haere noa i roto i te fenua aua hia, e i to vetahi é fare mai te tia ore i te taata aua, e te taata fare. Ia na reira ra, e ia ore ia haere é ia parau hia tu e te taata aua e te taata fare, e haava hia ia, e faautua hia, tera tana utua ia hoe ae tara, e ia manao te haava e iti te tara hoe, e tia iana ia faarahi atu e tae noa tu i te maha o te tara; e ia hope mai na hora e maha ahuru ma vau aore â i aufau hia mai teienei utua, e tapea ia i taua taata ra i roto i te fare tapea raa, ia hoe ae mahana, e ia manao te haava e poto ia, e tia iana ia faarahi atu e tae noa tu i te toru o te mahana.

Ia ore ia faaroo teienei taata ia parau hia tu e te taata aua e te taata fare, e ia tia ia rave i te ravea puai ia haere e atu teienei taata; e maha ae ia tara tana utua, e ia manao te haava e iti ia e tia iana ia faarahi atu e tae noa tu i te ahuru raa o te tara; e tapea atoa hoi iana te hoe utua, ia toru ae mahana e ia manao te haava e poto ia, e tia iana ia faarahi e tae noa tu i te pae o te mahana, e te mau utua toa e au i te ture, iana i tuu i nia iana iho no tona haapao ore.

Irava 2.

Ia rave noa te hoe taata i ta vetahi e puaahorofenua mai te ite ore te fatu ra, e horo ra o te reira ia, e faahoro i te pereoo ra o te reira ia, e haava hia ia e faautua hia, tera tana utua hoe ahuru tara, o e hitu tara na te taata puaa ia, hoe tara na te Hau Tamaru, hoe tara na te Tavana o tona iho fenua mau, hoe tara na te mau Imiroa. Teienei utua i tuuhia i nia i te hoe ahuru o te tara nei, no te mahana hoe ia ; ia maoro ra te vai raa o teienei puaa i tana taata i rave noa ra, mai te mea ia piti e ia toru te mahana ra, e faautua tu â ia, e pae tara no te mahana hoe i taua mau mahana ra.

Irava 3.

Ia rave noa te hoe taata i ta vetahi e puaahorofenua, mai te tia ore i te fatu, e pohe roa tura i tana rave raa, e aore ia, ia paruparu taua puaa ra, e ore atura e tia ia rave i te ohipa ; e haava hia ia e faautua hia taua taata i rave ra, tera tana utua, e aufau oia i te hoo mau o taua puaa ra na te fatu ; e toru hoi ahuru tara no te Ino raa, hoe ahuru ma pae na te taata puaa, e pae tara na te Hau Tamaru, e pae tara na te Tavana o tona iho fenua mau, e pae tara na te mau Imiroa.

Ia iti ra te paruparu o taua puaa ra, e ia ora faahou, e faaau maite ia te utua e te rahi raa o te paruparu raa o taua puaa ra.

Irava 4.

Ia tarahu te hoe taata i ta vetahi e puaahorofenua, e ia rave ino oia i taua puaa ra, mai te hinaaro rave ino mau, e haavahia ia e faautua hia, e haapao tana utua e te rahi o te paruparu raa o taua puaa ra. Mai te mea ra ia pirioi, e ia paruparu taua puaa ra mai te rave maitai hia e te taata i tarahu mai, e ore ia e faautua hia.

Irava 5.

Te taata ia taparahi pohe roa i ta vetahi e puaa mai te hara ore, mai te puaatoro ra, te puaahorofenua, e te puaa maohi, e te tahi atoa mau puaa, te moa hoi, e te mau manu maa ra ; e haava hia ia e faautua hia, e faaau maite tana utua e te hoo mau o taua puaa ra, e te manu i pohe iana ra, e te Ino raa toa o te fatu ra.

Irava 6.

Te taata e rave ino i ta vetahi e ra puaa i roto i tana iho ra aua, mai te tapupu i te opahi ra, te patia i te auri, e te mau peu atoa e paruparu ai te puaa ra. E haere ia te mau Imiroa e hio i taua aua ra; e aua maitai e te teitei maitai ra, e te parari ore, aore ia te taata aua i hape, eiaha ia e haava hia te taata aua. Mai te mea ra e aua ino e te haahaa, e te paruparu, ua hape ia te taata i taparahi i taua puaa ra; e haava ia e faautua hia, tera tana utua, e hoo oia i te Ino raa o te taata puaa, e faaau maite i te huru o te Ino i rave hia e ana ra.

Irava 7.

Ia oua noa te hoe puaa i roto i te aua e pae avae te teitei ra; e haava hia ia e faautua hia te taata puaa, e hoo oia i te Ino atoa i ino i taua puaa ra. Na te Raatira Mutoi, e aore ia, na te too piti tau Imiroa e faaau i te Ino raa i ino i teienei puaa.

Ia vavahi te hoe puaa i te hoe aua maitai i ore i taea te pae o te avae i te teitei ra, e hoo atoa ia te taata puaa i te Ino raa o te aua e te taoa atoa i roto i taua aua ra.

TURE 21.

NO TE TAOA MATAHITI.

Aore teienei Ture i iriti hia i roto i te apoo raa a te mau iriti Ture i teienei matahiti 1845.

TURE 22.

NO TE HAAPAO RAA I TE TAOA UTUA RA.

Irava 1.

E papai maite te mau taata i haapaohia ei mau taoa i te mau Mataeina toa, e te haava toa hoi no taua Mataeinaa ra, i te mau utua toa i faautuahia e te haava ra; e ia afai hia mai taua mau taoa no te utua ra i Papeete nei, e afai atoa mai ia taua mau parau ra.

Irava 2.

E haaputu maitai te mau Mataeinaa i Tahiti e Moorea nei i te mau taoa toa no te utua. Na te Tavana o te Mataeinaa e maiti i te taata ei mau i taua mau taoa utoa ra.

Ia tae i te toru o te Avae e afai mai ai te mau taoa utua, e te moni atoa no te rave raa e te tapea raa taata, no te mau Mataeinaa toa ra i Papeete; e na te Auvaha, e te hoe taata faatoroahia e te Auvaha o te Arii o te Farani, e te taata hoi i maitihia e afai mai i taua mau taoa utua ra e te parau papai hoi no te faaite raa i taua mau utua ra, e tuha i teienei mau taoa utua mai teie i muri nei.

Te utua no te haava raa ra; hoe tuhaa na te Hau Tamaru, hoe tuhaa na te Tavana o taua Mataeinaa ra, hoe tuhaa na te mau Imiroa o taua Mataeinaa ra.

O te mau moni atoa no te rave raa e te tapea raa i te taata, mai teie ia ia tuha: e piti tuhaa na te Hau Tamaru, hoe tuhaa na te mau Mutoi, o taua mataeinaa ra.

Irava 3.

Ia eia te taata i haapaohia ei mau i taua mau taoa ra, i te tahi pae au o taua taoa ra; e ia moe noa tu hoi te tahi pae o taua taoa ra i roto i tona rima; e hoo ia taua taata ra i te taoa toa i *moe* iana, e tei eia toa hia e ana.

TURE 23.

NO TE FAATOROA RAA I TE FEIA TOROA I ROTO I TEIENEI HAU.

Na te Auvaha o te Arii o te Farani, e te Auvaha tahiti nei e faatoroa i te mau Toohitu, e na rana toa e faatoroa haere i te mau haava mataeinaa. Na te Tavana o te Mataeinaa e te haava mataeinaa e faatoroa haere i te Imiroa i to ratou ihora mau Mataeinaa.

E maiti te Tavana e te haava mataeinaa i te mau Mutoi no roto i te pae au taata haapao maitai ra. E ore ra teienei mau Mutoi e faatoroa vave hia, ia faatia hia mai ra e te Auvaha Tahiti nei, e te Auvaha o te Arii o te Farani, ei reira ratou e faatoroa mau hia i ei Mutoi.

E tia hoi i te Auvaha o te Arii o te Farani ia faaore i te toroa o te haava mataeinaa e ore e hapaao maitai i tona toroa.

TURE 24.

NO TE RAVAAI RA.

Aore teienei Ture i iriti hia i te apoo raa a te mau iriti ture i teienei matahiti 1845, e haapao a te haava i te Ture 24 no te ravaai, tei faatiahia i te matahiti 1842. Maori ra i te mau vahi rii atoa e ore e au mai i teienei mau ture api.

TURE 25.

NO TE OHIPA RAA I TE TARAHU HOONA ORE RA.

Aore teienei ture i iriti hia i te apoo raa a te mau iriti ture i teienei matahiti 1845.

TURE 26.

NO TE OHIPA RAA I TE FENUA E MARO HIA.

TURE 27.

NO TE PARAHI RAA O TE ARII RA.

TURE 28.

NO TE FAIRATI RAA, E NO TE TIATARO RAA O TE PAHI.

TURE 29.

NO TE PAHI I UTA MAI I TE MAI MAUE RA.

Aore teienei mau Ture i iriti hia i roto i te apoo raa a te mau iriti ture i teienei matahiti 1845 ; e haapao a te haava i te mau ture tahito 26, 27, 28, 29, tei faatia hia i te matahiti 1842. Maori ra i te mau vahi rii e ore e au mai i teienei mau ture api e te mau faaue raa a te Auvaha o te Arii o te Farani.

TURE 30.

NO TE FEIA RAVE ORE I TA RATOU UTUA.

Te taata e ore e rave, e te ore e aufau i tana utua ia faautua hia e te haava ra ; e haere ia te feia toroa e parau atu iana e rave e e aufau i tana utua. E ia ore â oia ia rave, e aufau mai, e rave ia te feia toroa e afai iana i roto i te fare tapea raa, e ore hoi oia e tuu faahou hia mai, maori râ, ia tia mai iana i te haere i te rave i tana utua, e i te aufau mai hoi.

TURE 31.

NO TE HAAVA RAA.

Ia haava hia te taata i te mau Mataeinaa toa i Tahiti e Moorea nei, na te haava mataeinaa ia e haava.

Ia horo te taata i haavahia ra i tei reira haava raa, e horo tia oia i te Auvaha ra, e na te Auvaha e maiti i te hoe Toohitu, e too piti ae tau haava mataeinaa, ei haava i taua taata ra, Eiaha ra te Auvaha e maiti i te haava mataeinaa i haava iana i te matamua ra.

Ia horo faahou taua taata i haava hia ra, e horo tia â oia i te Auvaha ra, e na te Auvaha e maiti e too toru tau Toohitu ei haava i taua taata ra.

Ia maha ae ta te mau Toohitu haava raa i te matahiti hoe, ei te mau avae ra ia Tenuare, Eperera, Tiurai, e ia Atopa. Na te Auvaha e faaite atu ia ratou ia haere mai i te haava raa.

Area ra i te mau hara rarahi ra, e tia noa ia i te Auvaha ia parau atu i te mau Toohitu e haere mai i te mau tau atoa tana i hinaaro ra.

Area te mau hara rarahi ra, mai te taparahi pohe roa i te taata, te orure hau, e te opua ino i te Auvaha Tahiti nei, e te feia Mana toa no Tahiti nei, e te mau hara rarahi atoa, Ia ore te Farani e te papaa ia o atoa mai i roto i teienei hara raa, na te mau Toohitu anae ra ia e haava.

O te mau haapao raa toa no te mau ture tahito nei, o te ore e au mai i teienei mau ture api, e te mau faaue raa a te Auvaha o te Arii o te Farani, e te Auvaha Tahiti nei, te faaore hia nei ia.

E hoa ma,

Te mau Tavana, te hui Raatira, te Feia toroa et te mau Taata toa no teienei mau fenua,

Teie te mau ture api, o ta outou ia e haapao, o te mau ture teie i iriti hia i te Apoo raa a te mau Iriti ture i teienei matahiti 1845. E nenei atoa hia te mau faaue raa a te Tavana te Auvaha o te Arii i pihaiho i te Arii vahine no teienei mau fenua Totaiete, tei faatia paatoa hia mai te mana ture, i taua apoo raa a te Iriti ture ra, i te reo Tahiti, e hapono haere atoa hia i te mau fenua atoa i raro ae i teienei Hau Tamaru ia ite te taata toa i taua mau ture nei e teienei mau faaue raa, e horoa hia hoi i te mau haava toa ra, ia faaau mai ratou i ta ratou mau haava raa i taua mau ture api nei.

A rave maitai, e a haapao maitai mai i taua mau ture nei, tei faatiahia no te maitai o teienei mau fenua, E haapao maitai â hoi i te parau a te Atua. Eiaha e faatupu i te peapea, e faaau hoi ta outou mau ravea i te faatupu paatoa raa i te maitai. O ta'u ia parau ia outou, e Tahiti e Moorea toa e teienei mau fenua Totaiete, i te tuu raa tu i teienei mau ture ia outou na.

Ia ora na outou i te Atua mau,

Te Auvaha Tahiti,

Papaihia : PARAITA.

Faatiahia e te Tavana,
te Auvaha o te Arii o te Farani,

Papaihia : BRUAT.

E FAAITE RAA I TE PARAU

I ROTO I TE

MAU TURE

IA ITEA OHIE.

TURE 1.

TURE 2 E TE 3.

TURE 4.

TURE 5.

TURE 6.

TURE 7.

TURE 8.

TURE 9.

TURE 10.

TURE 11.

TURE 12.

TURE 13.

TURE 14.

TURE 15.

TURE 16.

TURE 17.

TURE 17.—â.

TURE 18.

TURE 19.

TURE 20.

TURE 21.

TURE 22.

aroa.

TURE 23.

TURE 24.

TURE 25.

TURE 26.

TURE 27.

TURE 28.

TURE 29.

TURE 30.

TURE 31.

NEIA E AMIOT RAUA O LAMBERT.

LIVRE DES LOIS

POUR

LA CONDUITE DU GOUVERNEMENT

de

POMARE-VAHINE Ire

A TAHITI, MOOREA ET DANS TOUTES LES TERRES
DE SON ROYAUME.

PUBLIÉ EN L'ANNÉE 1842 A TAHITI.

PAPEETE
Imprimerie Typographique du Gouvernement.
1845

AVERTISSEMENT.

On avait d'abord cru pouvoir suivre pour la traduction de ce Code la publication qui en avait été faite, en anglais, par la Société des Missions; mais, outre que cette traduction ne donne que celles des lois qui peuvent être applicables aux Européens, — elle se trouve, en ses limites restreintes, tellement tronquée et pleine de lacunes, qu'on a dû renoncer à en faire aucun usage et que l'on s'est décidé à suivre, d'un bout à l'autre, le texte indien. On s'est attaché à traduire ce texte aussi fidèlement et aussi complètement que possible.— Ce travail n'a pas été sans difficultés : d'abord à cause du style peu correct et des passages tout-à-fait obscurs que présente la rédaction de ce Code, et surtout, en second lieu, à cause du caractère tout particulier du dialecte tahitien, qui se prête difficilement aux formes du français. — Dans tous les cas, l'exactitude de la traduction a toujours prévalu sur la correction du langage.

Note du Traducteur.

ERRATA.

PAGE 10, art. 5, ligne 3, *au lieu de :* les mettront, *lisez* le mettront.
— 46, art. 6, ligne 13, *au lieu de :* devra être de 50 brasses, *lisez* devra être de 10 brasses.
— 51, art. 5, ligne 9, *au lieu de :* pour ce fait, *lisez* pour ce dernier fait.
— 56, art. 2, ligne 5, *au lieu de :* le cochon a été désigné, *lisez* si le cochon a été désigné.
— 66, art. 2, ligne 6, *au lieu de :* si au lieu, *lisez* et si au lieu.
— 56, art 3, le dernier mot de la page, *que*, est nul.
— 57, art. 4, ligne 6, *au lieu de :* au cas où, *lisez* dans le cas où.
— 57, art 5, ligne 9, *au lieu de :* devant être défrichées, *lisez* devront être défrichées.
— 70, art. 3, ligne 2, *au lieu de :* sont condamnées, *lisez* seront condamnées.
— 86, art. 2, ligne 1, *au lieu de :* de la même nature, *lisez* de même nature.
— 89, art. 2, ligne 11, *au lieu de :* tout autre personne, *lisez* toute autre personne.

41

CODE TAHITIEN

D'après l'édition révisée et publiée en langue indigène dans le courant de l'année 1842.

I.

SUR L'ASSASSINAT ET LES COUPS OU BLESSURES PORTÉS VOLONTAIREMENT.

Art. 1er.

Quiconque commet un homicide (lors même que la victime est de sa famille) avec intention et de propos délibéré, sera jugé et condamné à être pendu. La sentence cependant ne sera exécutée qu'après la sanction de la reine. (La reine a le pouvoir d'adoucir les peines, mais non de les accroître). Le père ou la mère, ou tout autre membre de la famille, et toute personne étrangère, tuant un enfant nouveau-né, ou usant de quelques moyens pour blesser un enfant avant sa naissance, de manière à le faire périr dans le sein de sa mère, sera considéré comme coupable d'homicide : le coupable sera jugé et condamné à être pendu. Les exécutions de tous les coupables des différens districts de Tahiti auront lieu à Tarahoi, et tous les officiers publics de Tahiti y assisteront.

Art. 2.

Concernant les blessures graves non suivies de la mort.

1.

—Quiconque maltraite une autre personne, avec l'intention de la tuer, soit en la frappant avec une pierre ou un bâton, soit en lui portant des coups de sabre ou de couteau, soit en usant de tout autre moyen pour accomplir son projet d'homicide; si l'on est arrêté dans l'exécution de ce dessein, et si cependant la personne attaquée est grièvement blessée, on sera jugé et condamné à l'amende. Pour les étrangers comme pour les naturels, cette amende sera de 160 dollars : dont 100 pour la personne blessée (au cas où elle serait longtemps malade, son temps et les frais de médecin seraient en outre payés par l'agresseur); 40 pour la reine et 20 pour le gouverneur du lieu où le crime aura été commis. Si le coupable est étranger, l'amende de 160 dollars sera payée par lui en argent; s'il est Tahitien, l'amende pourra être payée en objets reconnus valables par la loi, soit en argent, soit en huile, cochons, travail, ou toutes autres fournitures égales en valeur à la somme spécifiée. Si l'amende n'est pas promptement payée, et que la personne lésée désire être dédommagée par du travail, il en sera ainsi : l'homme jugé travaillera jusqu'à concurrence d'une valeur exactement correspondante à 160 dollars. Les magistrats ne devront point recevoir d'objets défectueux ou de qualité inférieure en paiement de ladite amende.

Art. 3.

Concernant les blessures suivies de mort, sans qu'il ait été dans l'intention du coupable de tuer. — La personne ou les personnes qui causeront la mort d'une autre, soit en la frappant avec la main ou avec un bâton, soit en la jetant dans la mer, soit par tout autre moyen occasionnant la mort, mais sans intention de tuer, si le jury pense que le coupable n'avait réellement pas l'intention de commettre un homicide, il sera jugé, condamné, et la peine infligée en ce cas, sera la déportation à vie sur l'île de *Matia*. Si la reine veut, après un certain nombre d'années passées dans cet exil, rappeler les personnes bannies, il lui appartiendra de le faire. Cette peine est la même pour les étrangers et les Tahitiens.

Art. 4.

Des mauvais traitemens. — La personne qui en maltraitera une autre, soit en la frappant avec la main ou avec un bâton, soit en lui jetant des pierres, ou qui l'aura blessée de quelque manière que ce soit, dans un lieu caclé, ou devant d'autres personnes, devra être jugé. C'est à la partie lésée à conduire l'agresseur devant le tribunal; si elle ne le fait pas et n'adresse point de demande de jugement, le fait n'aura point de suite. Si la plainte est formée, le coupable, jugé et convaincu, il sera condamné à une amende de 20 dollars : dont 10 pour la partie plaignante; 6 pour la reine, et 4 pour le gouverneur du lieu où le délit aura été commis. Cette amende est la même pour les étrangers et pour les Tahitiens; mais il sera loisible aux derniers de la payer en denrées telles que la loi les juge valables, jusqu'à concurrence de 20 dollars; lesquelles denrées seront partagées dans les proportions fixées ci-dessus.

Art. 5.

Si un homme, en surprenant un autre en flagrant délit de commerce illicite avec sa femme, le frapper avec l'intention de le tuer, et si l'homme frappé meurt de sa blessure, le coupable sera mis en jugement et condamné comme homicide, suivant l'article 1er de cette loi. Si la mort a eu lieu, et si cependant l'intention de tuer n'a pas été établie par les débats, le coupable sera condamné au bannissement, comme il est dit dans l'article 3 de cette loi. Mais si la blessure reçue dans de telles circonstances est légère, et si la mort ne s'en est pas suivie, l'homme qui a frappé ne sera pas mis en jugement, en considération de la grave provocation qu'il a reçue de celui qui l'a offensé. C'est seulement lorsque l'homme ou la femme qui est offensé par la conduite des parties coupables les trouve en flagrant délit, que la loi permet cette vengeance modérée; si elles sont trouvées en cet état par d'autres, elles sont alors sous la main de la loi, qui seule doit punir les coupables.

Cette loi est applicable dans toutes ses dispositions aux femmes comme aux hommes.

Art. 5.

Si ceux qui ont été condamnés à être bannis à Matia, et qui y ont été transportés, commettent de nouveau un crime qui appelle sur eux la peine du bannissement, ou si un habitant de Matia se rend coupable d'un crime de même espèce, les coupables seront bannis à Matahiva ou dans quelque autre île éloignée parmi les Iles-Basses, et abandonnés là jusqu'à leur mort.

II.

SUR LES ALCOOLS ÉTRANGERS ET LIQUEURS SPIRITUEUSES.

Cette loi est faite pour interdire l'usage de tous les spiritueux étrangers dans toutes les parties des domaines de la reine Pomaré. Tous spiritueux importés des pays étrangers, ainsi que les spiritueux fabriqués à Tahiti, tels que gin, brandy, rhum et autres liqueurs enivrantes, sont défendus par cette loi.

Art. 1er.

De la vente des boissons spiritueuses à bord des navires à Tahiti. — Si les officiers de police apprennent qu'il y a des boissons spiritueuses à vendre à bord d'un navire faisant voile pour le port, ils engageront le capitaine à s'en retourner; si le capitaine ne tient point compte de l'invitation, s'il jette l'ancre, s'il vend lui-même des esprits, ou si toute autre personne en vend à bord; lorsqu'on connaîtra la quantité vendue, le vendeur sera mis en jugement et condamné : pour une bouteille, à une amende de 50 dollars, dont 15 pour la reine, 15 pour le gouverneur, 10 pour les officiers qui auront traduit le délinquant devant la justice, et 10 pour le dénonciateur. Pour une dame-jeanne pleine, l'amende sera de 80 dollars : dont 25 pour la reine, 25 pour le gouverneur, 15 pour les officiers qui auront constaté le délit, et 15 pour le dénonciateur. Pour un petit baril, l'amende sera de 100 dollars : dont 30 pour la reine, 30 pour le gouverneur, 20 pour les officiers, 20 pour le dénonciateur. Pour un grand baril de la capacité d'un *hogshead*, l'amende sera de 200 dollars : dont 60 pour la reine, 60 pour le gouverneur, 40 pour les officiers, et 40 pour le dénonciateur. Pour quatre *hogsheads*, l'amende sera de 400 dollars : dont 120 pour la reine, 120 pour le gouverneur, 80 pour les officiers, et 80 pour le dénonciateur. Pour cinq bariques, l'amende sera de 500 dollars, et ainsi de suite, suivant le nombre de bariques vendues, l'amende étant de 100 dollars pour chaque barique. Cette amende sera payée par la personne du navire qui aura vendu des spiritueux, et si elle n'y satisfait pas, il en sera parlé au consul de sa nation, et les papiers du navire seront retenus.

Art. 2.

Tout individu qui aura acheté à terre les spiritueux qui auront été découverts, qu'il soit Tahitien ou étranger, ainsi que tout homme vendant des liqueurs spiritueuses, sera jugé et condamné à payer l'amende prescrite pour ceux qui vendent des esprits à bord d'un bâtiment. C'est-à-dire : 50 dollars pour une petite bouteille, 80 dollars pour une dame-jeanne, 100 dollars pour un petit baril, 200 dollars pour un *hogshead*, 400 dollars pour une tonne, 500 dollars pour cinq bariques, et ainsi de suite, à 100 dollars par barique. Ces amendes seront réparties comme il a été dit dans l'article 1er.

Art. 3.

Tout individu assistant ceux qui achètent ou qui vendent des spiritueux, soit en les transportant d'un endroit dans un autre, soit en les recélant, sera condamné à une amende égale à celles du vendeur et de l'acheteur, et l'amende sera répartie ainsi qu'il a été fixé à l'article 1er.

Art. 4.

Lorsque des spiritueux seront transportés dans des embarcations, par les propriétaires ou par d'autres, d'un endroit à un autre, les officiers du lieu où les embarcations aborderont ordonneront aux parties intéressées d'emporter leurs spiritueux ; si ces individus obéissent à cet ordre, tout sera dit; mais dans le contraire, et s'ils font quelque tentative pour vendre les spiritueux pour de l'argent ou pour des denrées, les officiers saisiront ces spiritueux et les répandront. S'il y en a eu une partie de vendue, les délinquans seront jugés et condamnés à une amende telle qu'il a été fixé à l'article 1er de cette loi, pour toute personne vendant au achetant des spiritueux.

Art. 5.

De la recherche des spiritueux dans la maison de qui que ce soit. — Lorsqu'on aura découvert que des spiritueux ont été achetés à bord de quelque navire, l'acheteur et le vendeur seront jugés comme il est dit dans l'article 1er de cette loi. Si les spiritueux sont trouvés hors d'une maison, ils seront répandus, et les propriétaires seront jugés. Si les spiritueux ont été transportés dans une maison avant la découverte du délit, les officiers n'entreront pas dans la maison et ne se hâteront point d'en opérer la saisie. Au cas où la quantité de liqueurs alcooliques introduites dans la maison ne dépasserait pas un petit nombre de bouteilles ordinaires, ils se contenteront d'observer durant quelque temps, et s'ils viennent à connaître que le propriétaire ou toute autre persoune de la maison se livre à la vente des bouteilles secrètement introduites, les poursuites auront leurs cours. Les officiers de police ne pénétreront pas de force dans la maison, ils devront obtenir, au préalable, un ordre de recherche de la reine et du grand-juge; cet ordre sera conçu dans cette forme : « *A. B.* — Laissez les officiers entrer dans votre maison pour rechercher les spiritueux qu'on dit y exister : c'est tout ce que nous avons à dire. » Deux ou trois officiers seulement pénétreront dans la maison; les autres attendront dehors. Lorsqu'un individu aura subi trois jugemens pour vente de spiritueux dans sa maison, ou pour ivresse, il sera banni et sa maison sera fermée.

Art. 6.

Lorsqu'il sera connu qu'une barique entière de spiritueux a été apportée dans une maison, on n'attendra point que le débit en soit constaté, ni que les gens de la maison aient été surpris en état d'ivresse, la barique devra être saisie dès la première information de sa présence dans une maison : les officiers obtiendront immédiatement un ordre de la reine et du grand-juge, et deux ou trois d'entr'eux procéderont à la recherche dans la maison; s'il est nécessaire, ils réclameront l'assistance de tous les officiers publics qu'ils pourront requérir, pour les aider à détruire les spiritueux : les propriétaires de ces liqueurs fortes, et ceux à qui ils les auront achetées, seront jugés et condamnés à l'amende comme il est dit dans l'article 1er de cette loi. Tous les spiritueux trouvés hors d'une maison, soit à la côte, soit en quelqu'endroit secret, soit dans un canot ou dans toute autre embarcation, seront détruits; mais il ne sera point touché aux embarcations. Les hommes qui auront participé au transport des liquides cachés, seront jugés; car ils ont par là même prêté secours à l'infraction commise. Ce qui a été dit relativement aux bouteilles secrètement introduites dans une maison, et dont la saisie ne doit pas être immédiatement effectuée, s'applique aux esprits étrangers, et au cas où leur introduction n'est connue que par simple information. Dans aucune circonstance, quand un officier public aura vu lui-même des liqueurs alcooliques, il ne pourra les laisser sans en opérer confiscation.

Art. 7.

Si un navire touche à Tahiti pour se réparer, les spiritueux qui pourront être à bord seront déposés, avec toutes les autres marchandises que le capitaine voudra mettre à terre, entre les mains du gouvernement; la reine devra trouver pour cet objet un lieu sûr, qui sera sous la surveillance de Tamaehuatea, son représentant. Les officiers assisteront au débarquement de ces marchandises et à leur mise en lieu de sûreté et en constateront la quantité, de manière à ce qu'elles ne puissent être enlevées ni recevoir aucun dommage. Lorsque le navire sera réparé, les officiers viendront de nouveau pour constater que tout est dans le même état qu'au débarquement et que tout retourne à bord comme il est venu à terre.

Art. 8.

Tous barils, grandes bouteilles, bambous, calebasses, ou boîtes qui seront pleines, ne pourront être portés pendant la nuit d'un navire à la côte, ou d'une maison à une autre maison, ou d'un endroit à un autre endroit. Si les propriétaires de ces objets, ou les individus qui les transportent s'obstinent, les officiers les retiendront, en les laissant intacts, et au jour ils examineront leur contenu. Si on trouve qu'ils contiennent des spiritueux ou toute autre chose prohibée par la loi, les propriétaires seront punis conformément à cette loi; mais si on trouve, après examen, qu'ils ne contiennent rien d'illégal, ils seront rendus à leurs propriétaires. Si quelqu'un va chercher une calebasse d'eau pour l'usage de sa famille, pendant la nuit, les officiers ne s'y opposeront point. Si quelqu'un a le désir ou est obligé, par des circonstances qui ne lui permettent point d'attendre au matin, de transporter des objets qui lui appartiennent, dans la nuit, il se rendra près de la reine et du grand-juge pour leur faire connaître de quelle espèce sont les objets qu'il veut transporter; ils lui délivreront un passavant qu'il portera aux officiers, et ceux-ci lui permettront de se rendre avec ce qui lui appartient à l'endroit où il veut aller.

Que l'on ne trompe point en cette occasion, et qu'aucun spiritueux ne soit passé frauduleusement; car s'il en était ainsi, l'on serait jugé comme ayant trompé la reine.

Art. 9.

Tout individu qui se sera enivré avec des spiritueux, et qui aura porté préjudice à la personne, à la maison ou à la propriété d'un autre, qu'il soit étranger ou Tahitien (il n'est pas fait de différence à l'égard de l'ivresse), sera mis en prison; lorsqu'il sera revenu à la raison, il sera jugé et condamné à payer 20 dollars pour s'être enivré, et à payer en outre tous les dommages qu'il aura pu commettre. Les officiers veilleront à ce qu'il paie la valeur entière de ces dommages : s'il ne paie pas la somme demandée pour compenser le tort causé et l'amende due pour s'être enivré en violation de la loi, il sera de nouveau mis en prison; s'il a quelque propriété, les officiers s'en empareront pour payer l'amende et les dommages provenant de son fait; s'il n'a aucune propriété, il sera de nouveau jugé et condamné à fournir le paiement pour les premières amendes, et à ajouter deux dollars pour avoir été mis en jugement une seconde fois pour le même délit. Il y aura un dollar pour la reine et un pour le gouverneur.

Art. 10.

Tout individu, homme ou femme, trouvé en état d'ivresse par suite de l'usage des spiritueux, sera, lors même qu'il n'aurait point commis de préjudice à autrui, jugé et condamné à payer 20 dollars : dont 10 pour la reine, 6 pour le gouverneur, 2 pour les officiers qui auront conduit l'individu en état d'ivresse devant la justice, et 2 pour le dénonciateur.

Art. 11.

Tous les officiers qui se montreront négligens dans la recherche des spiritueux, ou qui, après les avoir découverts, les remettront entre les mains de leurs propriétaires, soit parce qu'ils céderont à l'importunité de leurs sollicitations, soit parce qu'ils auront reçu de l'argent, seront jugés et condamnés à faire le travail ordonné par la loi; s'ils tombent en récidive, leur place leur sera enlevée, et ils ne participeront pas à l'avoir des officiers, lorsqu'une répartition aura lieu.

III.

SUR LE VIN.

Art. 1er.

On peut acheter du vin à bord des navires, mais non pour le revendre à terre. Toute personne qui veut acheter du vin pour son propre usage et celui de sa famille, dans sa propre maison, est libre de le faire; mais non en grande quantité, de peur qu'elle ne soit tentée de le revendre. Nul ne demandera du vin à un autre; si quelqu'un a l'habitude d'agir ainsi, il sera condamné au travail ordonné par la loi, sinon, à 5 dollars d'amende : dont 3 pour la reine et 2 pour le gouverneur. On peut aussi acheter du vin sur les embarcations appartenant aux navires dans les endroits où ces navires ne peuvent mouiller, mais non sur les embarcations appartenant à la terre. Il ne sera permis dans aucune maison à Tahiti ou à Moorea de vendre du vin. Le vin des habitans du pays ne pourra être transporté par des embarcations appartenant à un navire, pour être vendu.

Art. 2.

Si du vin a été acheté sur un navire et revendu à terre, l'individu qui aura revendu sera jugé et condamné à une amende de 10 dollars : dont 5 pour la reine, 3 pour le gouverneur, et 2 pour le dénonciateur. Qu'il soit commis par un homme ou par une femme, l'amende sera la même pour ce délit : acheteurs et vendeurs seront condamnés à la même peine.

Art. 3.

Si un individu boit du vin jusqu'à l'ivresse, et s'il porte préjudice à quelqu'un, ou s'il va chancelant et criant sur le chemin, il doit être emprisonné jusqu'à ce qu'il ait repris sa raison, et alors il sera jugé et condamné à faire 50 brasses de route ou à payer une amende de 5 dollars : dont 3 pour la reine, et 2 pour le gouverneur. Si une femme est ivre de vin, et si elle commet du désordre hors de sa maison, elle doit être arrêtée et emprisonnée; lorsqu'elle aura repris sa raison, elle sera jugée et condamnée à faire 10 brasses d'étoffe : dont 5 pour la reine et 5 pour le gouverneur, ou à payer, en argent, 4 dollars : dont 2 pour la reine et 2 pour le gouverneur. Si quelqu'objet est détérioré par un individu ivre de vin, celui-ci paiera la valeur du dommage. S'il ne la paie pas, il sera jugé et condamné à payer tout le préjudice causé, et à ajouter deux dollars pour avoir été mis en jugement une seconde fois pour le même délit; il y aura un dollar pour la reine et un dollar pour le gouverneur.

Art. 4.

Lorsqu'une petite quantité de vin aura été acquise par une personne, pour son propre usage, on n'enverra point de messager pour lui en demander; l'individu qui fait habitude d'envoyer des messagers demander du vin à d'autres, sera jugé et condamné comme il est dit dans l'article 1er de cette loi. Chacun peut offrir du vin à ses amis, mais non de manière à les enivrer; dans ce cas, les uns et les autres seront jugés et condamnés comme il est dit dans l'article 3. Si une femme est déclarée coupable de ce crime, elle sera condamnée à faire 10 brasses d'étoffe pour la reine et le gouverneur, ou à payer quatre dollars : dont deux pour la reine et deux pour le gouverneur.

Art. 5.

Si un étranger est ivre de vin, et s'il est trouvé dehors faisant du bruit et blasphémant, les officiers le prendront et l'attacheront avec une corde, ou les mettront aux ceps; lorsqu'il aura repris sa raison, il sera jugé et condamné à payer 5 dollars : dont 3 pour la reine et 2 pour le gouverneur. Il en sera de même si l'individu s'est enivré avec de l'ale, du porter, ou toute autre boisson étrangère. Cette loi a pour but de supprimer entièrement l'ivresse.

Art. 6.

L'homme ivre de vin qui s'en prend à la propriété d'un autre, quelle qu'elle soit, et qui l'endommage, en paiera la valeur entière, sinon il sera jugé de nouveau et condamné à payer cette valeur entière et à ajouter deux dollars pour s'être laissé juger une seconde fois pour le même délit : il y aura un dollar pour la reine et un dollar pour le gouverneur.

Art. 7.

Quant au vin qui peut se trouver sur la table à manger

d'une personne, il n'en sera point pris note s'il est en petite quantité; mais si on remarque un grand nombre de bouteilles sur une table, les officiers rechercheront si le maître de la maison ne vend point son vin ou s'il n'en donne pas en quantité considérable; au cas où cela serait, on appliquerait le paragraphe 2 de cette loi concernant ceux qui revendent du vin ou fournissent à d'autres les moyens de s'enivrer, actes également interdits.

IV.

SUR LES VENTES ET LES ACHATS.

Art. 1er.

Chacun peut acheter l'objet qui lui plait, s'il n'est point prohibé par la loi. Le vendeur fixera son prix, et l'acheteur verra s'il lui convient de le donner ou non. Nul n'interviendra dans les affaires d'un autre; la transaction tout entière doit rester entre le vendeur et l'acheteur.

Art. 2.

Chacun emploiera, comme il le jugera convenable, l'argent qui lui viendra en propriété; ceux qui voudront amasser, pourront le faire à leur gré. Que les hommes toutefois se tiennent en défiance de la soif ardente de l'argent : c'est une source de mal. Ceux qui voudront échanger leur argent pour les objets dont ils auront envie, pourront faire librement les acquisitions qui leur conviendront, sans que rien de cela soit imputé à délit. On ne pourra pourtant acquérir les objets nuisibles dont la vente et l'achat sont interdits par la IIe et la IIIe loi; savoir : les liqueurs spiritueuses et le vin.

Art. 3.

Tous objets et denrées alimentaires récoltés à Tahiti peuvent être vendus à des étrangers ou à d'autres en échange d'argent, d'étoffes ou de tous autres objets convenus entre les parties. C'est au vendeur et à l'acheteur de faire leur propre marché, dans lequel nul autre ne doit s'immiscer.

Lorsqu'un marché a été conclu loyalement entre l'acheteur et le vendeur, et que la marchandise à été enlevée, elle ne doit point être rapportée, car, dans ce cas, le vendeur n'est point tenu de la reprendre.

Art. 4.

Pour tout travail que des étrangers veulent faire exécuter par des Tahitiens, qu'une loyale convention soit faite entre celui qui doit faire le travail et celui qui le demande; que la nature de l'objet à donner en échange soit spécifiée : soit argent, soit étoffe, soit toute autre. Lorsque la convention est signée, et qu'elle fait mention du travail et de l'objet d'échange (comme devront le faire tous les marchés conclus avec des Tahitiens); que cette convention, loyalement arrêtée, soit exécutée; qu'elle ne soit point rompue ni altérée. Si une des parties ne l'exécute point fidèlement (de quelque part que vienne l'infraction) elle sera jugée et condamnée à payer 20 dollars : dont 10 pour la partie qui tient ses engagemens, 5 pour la reine, et 5 pour le gouverneur. Si la partie qui a fait la convention avec celle qui la rompt désire que celle-ci ne soit point mise en jugement et condamnée à l'amende, qu'il en soit ainsi; mais dans ce cas le travail doit être exécuté.

Art. 5.

Tout homme emploiera librement son argent à tous objets non condamnables Il est juste d'en apporter au missionnaire en dédommagement de ses travaux; il est juste d'en remettre à la société pour la propagation (1) de la parole véritable de Dieu; il est juste d'en donner pour l'achat du vin qui sert à la communion; il est convenable d'acheter des livres qui enseignent toutes les bonnes paroles et soutiennent le cœur de l'homme dans la poursuite du salut; les provisions *adressées* au missionnaire qui observe la parole, *en témoignage* de salutation et d'amitié, seront apportées en tous temps, sans demander (2) rétribution. Les petits travaux ayant pour objet l'embellissement des demeures dans les-

(1) *Faatupu raa* (l'action de faire croître).
(2) *Hopoi noa.*

quelles les missionnaires enseignent les paroles vraies de l'Évangile, devront être exécutés gratuitement par ceux qui suivent leurs instructions.

V.

Loi concernant les spiritueux de toutes sortes fabriqués à Tahiti et dans toutes les autres terres rangées sous le régime de ce gouvernement.

Cette loi interdit la fabrication des spiritueux obtenus par la fermentation des oranges, des évis, de la mélasse, et par la préparation des plantes indigènes *connues sous le nom* d'*ava* et de *tii*, ainsi que toute boisson susceptible de produire l'ivresse et fabriquée dans ce but. C'est aussi une faute d'extraire l'esprit des noix de coco, *du jus* de la canne à sucre et autres denrées.

Art. 1er.

Si des noix de coco, des oranges, des évis, ou tous autres fruits sont dérobés dans le but de fabriquer des spiritueux, et que les voleurs soient découverts, ils seront jugés et condamnés à payer deux cochons en amende, sinon 5 dollars; et dans le cas où le propriétaire des fruits volés en témoignerait le désir, l'amende serait convertie en travail exécuté par le coupable au profit de la partie lésée, jusqu'à concurrence de la valeur de deux cochons. Les cochons seront donnés au propriétaire des fruits volés.

Art. 2.

Si un homme fabrique des spiritueux, et que cet acte soit découvert, on le jugera, et il sera condamné à faire 50 brasses de route ou tout autre travail, de telle nature qu'il convienne à la loi. Les portions de route défrichées par suite d'une condamnation devront être creusées. Il ne suffira pas de les dégager seulement; mais elles seront défrichées avec soin et parfaitement nettoyées.

S'il est trouvé par les officiers publics et autres personnes, des spiritueux non entièrement consommés, ils devront être répandus par ces officiers ou tous autres les ayant surpris, et les personnes par lesquelles ils auront été fabriqués, seront condamnées individuellement à faire 50 brasses de route en punition de leur faute.

Art. 3.

Si un homme boit des spiritueux fabriqués à Tahiti ou autres liqueurs alcooliques, et que le fait en soit bien constaté, il sera jugé et condamné à défricher 50 brasses de route, et si un homme s'est rendu coupable de l'une de ces fautes, tels que la fabrication ou la boisson de liqueurs spiritueuses, et tous autres actes condamnables pendant le jour du sabat, il sera condamné à travailler 50 brasses de route pour n'avoir point observé le jour du sabat. On ne se contentera point de le réprimander simplement.

Art. 4.

Lorsqu'un homme ayant bu des liqueurs spiritueuses sera interrogé en ces termes : « D'où viennent les spiritueux que vous avez bu? » et qu'il répondra : « De tel endroit ; je les ai soustraits moi-même, » il lui sera imposé une amende d'un cochon à payer à la reine pour avoir frauduleusement enlevé ces spiritueux. Si c'est une femme qui s'est rendue coupable de l'une des fautes relatives aux spiritueux interdits par cette loi, elle sera jugée et condamnée également à payer l'amende prescrite. Si l'on vient à connaître qu'elle ait volé les fruits d'une autre personne *pour les convertir* en esprits, l'amende sera de deux cochons, et si des spiritueux ont été fabriqués par elle, on la condamnera à *confectionner* 10 brasses d'étoffe *indigène, dont* 5 brasses pour la reine et 5 brasses pour le gouverneur, ou bien à payer en argent 4 piastres, dont 2 à la reine et 2 au gouverneur. Toute femme qui boira des spiritueux sera passible des amendes fixées par la boisson de toutes les liqueurs spiritueuses ; et l'amende particulière *imposée* pour *les transgressions commises* le jour du sabat, sera également infligée à toute femme qui se rendra coupable de l'une de ces fautes pendant ce jour.

Art. 5.

L'homme et la femme qui n'auront point accompli la peine à eux infligée par jugement, lorsqu'un temps assez long se sera écoulé, comme *environ* deux semaines, sans qu'ils aient procédé à l'exécution de leur tâche, et qu'ils auront même accompli un travail différent, non prescrit par le juge, ces personnes seront de nouveau jugées, et il leur sera imposé un travail de 20 brasses de route à défricher en augmentation de leur tâche qui sera ainsi élevée à 70 ou 80 beasses, parce qu'elles ne l'ont point accomplie, et parce qu'elles ont négligé ce qui leur avait été antérieurement signifié par le juge. — Que les officiers publics se gardent de commettre aucune faute dans la signification des peines prescrites, qu'ils se conforment exactement à ce qui aura été infligé par le jugement; qu'ils s'en tiennent à cela, et ne retirent point la peine imposée par le juge.

Art. 6.

Quand ces diverses amendes auront été infligées, que les officiers publics n'abandonnent point les personnes jugées tant qu'elles n'auront pas payé leur amende, qu'ils n'exercent point leur saisie sur les parens du condamné, mais sur le condamné lui-même; s'il a des biens, ce sont ceux-là qui devront être pris, et si ses parens prennent, *de leur propre inspiration*, pitié de lui, c'est à eux d'agir à leur gré, en considération de leur ancienne affection. Quant aux personnes étrangères, qui ne sont point de véritables parens, qu'elles n'aident point l'homme qui a commis une faute dans l'accomplissement de la tâche qui lui a été imposée, il est juste que le coupable subisse bien lui-même la fatigue du travail, et qu'il puise le dégoût de sa faute dans l'accomplissement de sa peine.

Art. 7.

Que les officiers publics ne laissent point librement les personnes déréglées s'assembler en un même lieu, que ces personnes habitent leurs propres demeures et séjournent parmi leurs familles. Le propriétaire d'une terre et d'une maison dans laquelle s'assembleront obstinément au même lieu des personnes sans conduite, afin d'accomplir ensemble le travail auquel elles auront été condamnées, devra, si ces personnes commettent encore des actes coupables, être saisi, jugé et condamné à payer 2 cochons, dont 1 pour la reine et l'autre pour le gouverneur; sinon, 5 dollars, dont 3 pour la reine et 2 pour le gouverneur. Si le propriétaire de la maison enjoint à ces gens de se retirer, et qu'il n'en soit point écouté, il ira chercher les officiers publics par lesquels ces personnes seront renvoyées chacune en sa demeure. Ceux qui s'obstineront à revenir dans la maison dont ils auront été chassés par les officiers publics, seront jugés et condamnés à 50 beasses de travail; et pour mettre une dernière fin à l'obstination persévérante des personnes sans conduite se rassemblant en un même lieu, leur maison sera brûlée, la maison de ceux qui font croître le mal sur cette terre.

Art. 8.

Si les officiers publics allant à la recherche de ceux qui s'enivrent à l'aide de liqueurs spiritueuses, découvrent des spiritueux non entièrement consommés, ils devront s'en saisir et les répandre, et briser le vase afin que l'écoulement soit complet: ils remarqueront avec soin les personnes qui se sont assemblées vers *cet endroit;* elles seront jugées et condamnées individuellement à un travail de 50 brasses. Qu'on ne les frappe point. Si ces personnes coupables saisissent les officiers publics ou se livrent à des paroles injurieuses envers les juges, qu'elles soient liées avec une corde, et si quelqu'un des officiers publics a été blessé, que l'on juge l'individu qui s'est porté à des voies de fait, et qu'il soit condamné à payer 8 dollars à ceux qui auront été blessés par lui; et si tous se sont rendus coupables d'agression, l'on condamnera toute la troupe à une amende de 8 dollars par individu. Cette amende sera partagée entre les officiers publics qui auront été blessés par ces hommes.

Si les officiers publics sont assaillis, et qu'ils n'aient aucun moyen de contenir *les fauteurs du désordre* autrement qu'en se livrant eux-mêmes à des voies de fait, qu'ils usent de violence en ce cas, mais non point par des actes tels qu'il en puisse résulter la mort, que ce soit seulement de manière à réduire *les résistans.* Lier avec une corde, mettre au ceps, tels sont les meilleurs procédés.

Art. 9.

Lorsqu'un officier public seul connaîtra sûrement que des personnes se sont assemblées pour boire des spiritueux, il devra compter exactement le nombre de ces personnes et leur adresser ces paroles : « Vous serez jugées. » Ces hommes seront jugés validement sur un seul témoignage, s'il leur est arrivé fréquemment de tomber en faute; si ce sont des personnes n'ayant encore subi aucun jugement, on devra se régler sur deux témoignages pour porter un verdict de culpabilité.

Art. 10.

L'homme qui se livre à la vente de la mélasse et autres denrées alimentaires, sachant que ces denrées sont converties ou spiritueux, si petite que soit la quantité, s'il a eu connaissance de la fabrication de spiritueux effectuée à l'aide de ces denrées, cet homme sera jugé et condamné à une amende de 2 cochons : 1 pour la reine et 1 pour le gouverneur, sinon à 5 dollars, dont 3 pour la reine et 2 pour le gouverneur. L'homme qui fabriquera des spiritueux extraits du fruit de l'éviter, de l'orange ou autres fruits quelconques, et qui vendra ces spiritueux à d'autres personnes, aura commis une faute; c'est une chose pareille à la vente du vin. Il sera jugé et condamné à payer une amende de 10 dollars, dont 5 pour la reine, 3 pour le gouverneur et 2 pour le témoin qui aura fait connaître que cet homme vendait des spiritueux.

Art. 11.

Cette loi entreprend (Tamata) d'empêcher le trouble produit par les diverses liqueurs enivrantes autrefois librement fabriquées en ce pays.

Les personnes investies, sur cette terre, d'un office public, sont invitées à remplir leur devoir avec zèle. Les officiers publics saisiront aussi les personnes aspirant les vapeurs de tous spiritueux mis en fermentation à Tahiti. Il est juste que ces personnes soient jugées et condamnées à défricher 50 brasses de route, si elles sont deux, aspirant ensemble, du nombre de celles qui ont l'habitude de boire des spiritueux.

Art. 12.

L'homme qui aura été jugé en bonne forme, d'après l'évidence fournie par le témoin déposant au jugement, et qui fera appel au Tribunal des SEPT *grands juges*, si, jugé de nouveau par les sept, il est convaincu de n'avoir appelé que dans le but de nuire au juge de district, l'on infligera une peine à cet homme qui a fait appel en connaissance de sa faute et dans le seul but d'inquiéter le juge de district : il lui sera infligé une amende d'un cochon, qu'il devra payer au juge de district auquel il avait conçu la pensée de causer du tort.

Art. 13.

Que les SEPT ne se hâtent point de retirer son office à un juge de district et de le priver de son grade à cause de l'appel sans raison fait par les personnes coupables; qu'il soit averti premièrement, et si ce juge de district persiste à ne point observer *les règles de la justice* dans la forme de ses jugemens, alors il sera convenable de lui retirer son grade et son emploi.

VI.

DE L'INTERDICTION DES DANSES ET CHANTS INCONVENANS.

Loi concernant les danses et les chants qui troublent ce séjour et font croître le mal sur cette terre, ainsi que tous les usages susceptibles de produire le trouble.

Art. 1er.

Détruire la source d'où croissent les causes de désordre est *une chose* convenable. Ainsi *la coutume* de placer sur de vastes plateaux, durant leur transport vers la personne à qui elles sont destinées (1), les provisions considérables commandées par les chefs ou propriétaires, est annulée. Toutes denrées alimentaires devront être transportées simplement en paniers. Que l'on ne fasse point usage de lourds plateaux pour supporter les provisions dans leur transport (2).

Art. 2.

Les personnes qui danseront durant le transport des provisions en petite quantité, que la loi permet de porter, seront jugées et condamnées individuellement à *défricher* 50 brasses de route. Si c'est une femme qui danse, elle sera jugée et condamnée à *confectionner* 10 brasses d'étoffe, *dont* 5 brasses pour la reine et 5 brasses pour le gouverneur, sinon à *payer* 4 dollars, *dont* 2 à la reine et 2 au gouverneur. Que les tâches de route soient bien défrichées, non point simplement dégagées

Art. 3.

Que l'on ne danse point de danses réelles durant *l'accom-*

---

(1) *Fatu maa*, maître ou seigneur de la nourriture.

(2) Les plateaux dont il est ici question étaient, à proprement parler, de larges planchers formés de pièces de bois croisées les unes sur les autres. Ces plateaux se portaient à l'épaule, tandis que des danseurs, placés dessus, exécutaient divers danses et chants.

plissement de tous les travaux *ci-désignés : soit en* traînant les arbres *abattus, soit en* battant *des écorces pour confectionner de* l'étoffe *indigène*, soit en toute autre occupation. Encourager simplement de la voix, cela est convenable; que ce ne soit point en dansant. Si, d'autre part, une personne danse d'une façon inconvenante, elle sera jugée et condamnée, l'homme à 50 brasses de travail, la femme à 10 brasses d'étoffe, partagées ainsi qu'il est prescrit à l'article 2.

Art. 4

Cette loi annule toutes causes de troubles qu'il est interdit de produire, telles que *la coutume* de demander obstinément le bien d'autrui (*te titau ra*), celle de transporter, étendues dans toute leur longueur, des étoffes offertes en présent (*te aaone ra*); la construction des pirogues (1) (*te vaa tarai ra*); les vêtemens présentés en témoignage de chagrin (2) (*te tavau, te a'u oto ra*); les provisions offertes en hommage (*te maa tahe*); les grands repas (*te faa amua rarahi ra*), et le bannissement arbitraire d'un individu quelconque — à la loi seule il appartient de bannir —. Les personnes obstinées à reproduire ces usages interdits seront jugées, chef ou gouverneur, *n'importe le rang;* il leur sera infligé une amende et on les dépouillera de leur autorité. — Que le prince ne pense point que la loi lui laisse le pouvoir de faire reproduire ces coutumes —. Voici d'autres usages également interdits : marcher sur des échasses (*te rore ra*); lancer au but des roseaux garnis de pointes (*te apere ra*); lancer ces sortes de traits sur un objet suspendu (*te patiafa ra*); la danse, et la musique ou chants inconvenans, tels que ceux qui accompagnent les danses; toutes les flûtes de roseau et chalumeaux; les guimbardes de bois; les combats de coq, ainsi que tous les autres usages par lesquels le séjour en cette terre est troublé. Toute danse et tout rassemblement relatifs à ces pratiques devront donner lieu à un jugement : la peine infligée sera un travail de 50 brasses à défricher par

---

(1) Soit que le législateur ait voulu défendre la construction des pirogues de guerre ou embarcations destinées à de mauvais usages, soit que l'interdiction présente ne doive frapper que certaines pratiques turbulentes accompagnant peut être autrefois ce genre de travail.

(2) Au départ ou au retour d'un prince, d'un chef.

individu. Si la tâche imposée n'est point un défrichement de route, ce devra être un travail propre à l'embellissement de la ville. Qu'en aucune circonstance la peine ne soit changée sans le consentement de la reine, du gouverneur et du juge.

Art. 5.

Toutes les personnes qui s'assembleront pour chanter et exécuter les danses interdites par cette loi, seront jugées et condamnées à 50 brasses de travail par individu, ainsi que les personnes qui se seront rassemblées tout autour des danseurs pour regarder. L'amende imposée aux femmes sera de 10 brasses d'étoffe, partagées entre la reine et le gouverneur; sinon, en argent : 4 dollars, *dont* 2 à la reine et 2 au gouverneur. Telle est la forme des amendes qui devront être imposées à la femme.

Art. 6.

Que personne ne joue *avec* le jeu de papier appelé cartes. Que les étrangers, résidant dans l'étendue de ce gouvernement ne jouent point non plus au jeu de papier, dans le but de gagner l'argent d'une autre personne. C'est une mauvaise chose que ce jeu ; il engendre le mal sur la terre. — Si l'on vient à connaître que deux, trois, ou n'importe quel nombre de personnes jouent *aux cartes*, de façon à ce que l'argent de l'une soit gagné par l'autre, l'on appellera les officiers publics, qui arrêteront le jeu : si le jeu cesse tout-à-fait, ce sera bien : il n'y aura point de suite. Si quelqu'un s'obstine à jouer de façon à gagner tout l'argent d'une autre personne, on le jugera, et il lui sera infligé une amende de 20 dollars : 10 pour la reine, 8 pour le gouverneur et 2 pour le témoin qui aura fait connaître que l'on jouait de l'argent. Telle est l'amende qui devra être imposée aux personnes obstinées à jouer de l'argent. — Que jamais on ne joue de l'argent dans aucun des jeux *en usage* à Tahiti.

VII.

DES FEMMES PROSTITUÉES.

Cette loi interdit tous actes de prostitution commis à bord des navires et à terre.

Art. 1er.

Si une femme se prostitue à un étranger, à bord d'un bâtiment ou à terre, cela est une faute d'après la présente loi, et si l'on connaît *que* l'acte de prostitution a *été* positivement *commis*, *cette femme* sera jugée et condamnée à *payer* 8 dollars : *dont* 5 à la reine et 3 au gouverneur du lieu même de sa véritable demeure, d'où elle est venue. Les 5 dollars adjugés à la reine seront laissés au lieu où cette femme aura été jugée, les 3 dollars destinés au gouverneur seront portés entre ses mains.

Art. 2.

La femme de deux côtés (1) (*pae piti*), et la femme ayant enfanté sur le lieu où elle réside, sont devenues comme originaires de l'endroit de leur séjour ; le gouverneur du lieu qu'elles habitent est leur propre gouverneur. Les femmes récemment arrivées, et venues dans le but de se livrer à des actes *de prostitution*, devront être renvoyées sur leur propre et véritable terre. — Que les officiers publics ne les laissent point *séjourner* librement sur les lieux troublés (2) par les étrangers. — Si l'acte *de prostitution* a été promptement accompli, *la personne qui s'en sera rendue coupable* devra alors être jugée, et l'amende *destinée* au gouverneur sera portée à son propre et véritable gouverneur sur la terre à laquelle elle appartient et d'où elle est venue. — Cette parole *s'applique* à tous les lieux —. Lorsqu'une femme prostituée aura subi un jugement *la condamnant à payer* 8 dollars, les 3 dollars du gouverneur seront portés au gouverneur véritable de la femme jugée.

Art. 3.

Les gens habitant dans la maison, les parens ascendans (3) et le mari légitime d'une femme qui se livre à la prostitution, lorsque, interrogés par les officiers publics, ils chercheront à donner telle ou telle réponse évasive, dans le désir de cacher la faute et de ne la point dénoncer, si l'acte de prostitution est d'ailleurs bien constaté, ces personnes seront jugées et condamnées à une amende de deux cochons

---

(1) Qui tient à deux endroits. Toute personne issue de père et de mère possédant en des lieux différens, dont ils sont respectivement originaires, participe à ces deux nationalités et appartient à la fois aux deux places.

(2) *Vahi peapea i te mau papaa.*

(3) *Te fetii metua*, les père, mère, oncle, tante.

par individu. Telle est la peine de la non-dénonciation (1) des personnes coupables : un *cochon* pour la reine et un pour le gouverneur, sinon 5 dollars : dont 3 à la reine et 2 au gouverneur.

Art. 4.

Les officiers publics qui auront vu une femme allant à bord d'un bâtiment ou dans la maison d'un étranger pour s'y livrer à la prostitution, qui ne l'auront point retenue et qui ne l'auront pas fait connaître, et ceux qui disent aussi : « Allez, et quand vous serez revenue, on vous jugera », *ceux-là* auront commis une faute ; ces officiers consentent au délit. — Les parens ascendans et toutes personnes qui conduisent une femme pour la faire coucher dans la maison d'un étranger, et les parens qui laisseront un étranger co-habiter librement en commerce illégitime avec leur fille ou une autre femme, dans leur propre maison, seront jugés *comme* ayant violé cet article, et condamnés individuellement, pour chaque faute, à *payer une amende* de 2 cochons : *dont* un pour la reine et un pour le gouverneur. *Si* l'amende *se paie* en argent, *elle* sera *de* 5 dollars : 3 pour la reine et 2 pour le gouverneur.

Art. 5.

Lorsqu'un étranger ayant pris une femme de Tahiti sera bien positivement connu, *que ce soit* un étranger provenant d'un navire *ou bien* encore un étranger résidant à terre, on le jugera et il sera condamné à payer une amende. L'amende sera de 20 dollars si la femme débauchée est une femme mariée : 13 dollars pour le mari, 4 pour la reine et 3 pour le gouverneur. — Le mari qui connaît la prostitution de sa femme et n'en donne pas connaissance aux officiers publics, a livré sa femme lui-même. Qu'il ne lui soit point donné part aux objets *imposés en amende*, si l'homme qui a pris sa femme subit un jugement. L'on remettra à la reine et au gouverneur les valeurs *que la loi adjuge* au mari comme réparation d'offense. — Si un homme est jugé pour avoir pris une fille non mariée, l'amende sera de 10 dollars : *dont* 5 pour la reine et 5 pour le gouverneur.

Art. 6.

Si un homme, père *de famille* (2), connaît que son ami a

(1) *Huna raa*, action de cacher.
(2) *Tane metua*, mari père.

pris sa femme, il chassera cet ami qui fait croître le mal en sa demeure; qu'il n'y soit point laissé librement. Et si cet ami ne s'éloigne point, que le mari se rende auprès du juge, qu'il lui parle, et que cet ami soit jugé et condamné à la peine infligée par la loi à ceux qui débauchent une femme mariée ou un homme marié. Lorsque l'homme *qui se trouvait* dans la maison de son ami aura été jugé pour avoir pris sa femme, qu'il ne retourne point dans la maison de son ami pour y demeurer; qu'il s'éloigne jusqu'au lieu de sa propre demeure pour y séjourner. S'il s'obstine et revient encore dans cette maison, il sera jugé de nouveau et condamné à *défricher* 50 brasses de chemin, à cause de son obstination, et il devra s'éloigner. Qu'il ne demeure point en cette maison dans laquelle il a péché antérieurement; que ceux d'une maison quelconque ne retiennent point l'homme qui aura été chassé par son ami pour avoir fait le mal en sa maison.

Art. 7.

L'homme qui donnera librement sa femme à son ami, si tous deux ont réellement co-habité à la connaissance du mari légitime, l'on jugera aussi ce mari légitime; il sera condamné à un travail de 50 brasses, et sera également privé de sa part de l'amende, si l'homme qui a co-habité avec sa femme subit un jugement : les valeurs qui lui sont adjugées seront remises à la reine et au gouverneur.

Art. 8.

Les personnes co-habitant avec une femme sans que les formalités légales du mariage aient été accomplies, ainsi que la publication *qui doit être faite* à l'assemblée religieuse (1), et les étrangers qui, d'après la loi, ne sont point aptes à contracter mariage, devront être saisis par les officiers publics, jugés et condamnés conformément à l'article concernant *cette faute;* les deux personnes vivant en commerce illégitime seront séparées et reconduites respectivement dans leur propre et véritable maison, et lorsque les femmes ayant commis des *actes de prostitution* sur les lieux troublés par les étrangers auront été renvoyées, les officiers publics les retiendront avec soin chacune en sa demeure, tout autour de Tahiti et de Moorea; il ne leur sera point

---

(1) *Pure roru,* (prière réunis) — office du mercredi matin.

permis de retourner encore sur les lieux troublés par les étrangers.

VIII.

DE L'INTERDICTION DES MARIAGES ENTRE LES ÉTRANGERS ET LES FEMMES DE TAHITI.

Cette loi interdit le mariage entre les femmes indigènes et les étrangers, venus des autres terres, demeurant à Tahiti. — Que les étrangers ne co-habitent point avec les femmes de Tahiti.

Art. 1er.

La propriété territoriale, constituée à Tahiti d'une manière différente, ne correspond point à *ce qui a lieu dans* toutes les autres contrées. A Tahiti, la femme *tient* la terre en ses propres mains, elle-même et sa famille *en* sont les propriétaires *véritables*, il n'en est point d'autres. A Oahu et dans quelques autres contrées, la terre *reste* aux mains des personnes élevées *descendant* des ancêtres aux générations successives, sans qu'elle puisse tomber entre les mains des hommes de condition inférieure. Ces *coutumes* différentes permettent le mariage entre les étrangers et les femmes de ces contrées —. De la pensée que la terre d'une femme de Tahiti, ainsi que les propriétés de sa famille, seraient détournées, si elle contractait mariage avec un étranger; de l'ignorance *où l'on se trouve à l'égard* du caractère moral (1) des étrangers venus à Tahiti, ainsi que de leur position réelle, *ne pouvant savoir* s'ils n'ont point déjà de femme légitime dans leur propre pays, etc...., et de la pensée que certains n'établiront point la femme de Tahiti comme épouse véritable *envers laquelle ils seraient liés* jusqu'à la mort de l'un *des conjoints*, — la conviction de ceux qui formulent les lois étant, *en outre*, que le desir de la propriété territoriale est la source véritable *du sentiment* qui porte les étrangers à desirer vivement de s'unir aux femmes de Tahiti; — *de toutes ces considérations différentes*, il a été établi cette loi : que les étrangers ne soient point mariés aux femmes de Tahiti. Si la femme d'un étranger est venue d'une autre terre, il lui sera loisible d'habiter à Tahiti.

(1) *Huru*, forme, espèce.

Les étrangers peuvent aussi contracter mariage à Tahiti avec des femmes étrangères, mais il leur est interdit d'épouser une femme originaire du pays.

Art. 2.

Cette loi abroge les dispositions *contenues* dans une autre loi, promulguée en l'année 1838 et par laquelle il est dit : « Si une femme de Tahiti met au monde un enfant du fait d'un étranger, ils devront alors être mariés. » — Que cet article ne *subsiste* en aucune façon. — C'est un mauvais article justifiant le péché. — Que dans aucun cas les étrangers ne soient unis en mariage aux femmes de Tahiti. — Telle est actuellement la véritable loi.

Art. 3.

*Pour ce qui est d'*une fille étrangère dont la mère est indigène de Tahiti.

Si un étranger désire contracter mariage avec cette fille de sang mêlé (1), qu'il la conduise, pour l'épouser, dans le pays de son père, étranger; que cet étranger ne puisse absolument contracter ce mariage à Tahiti.

Si c'est un indigène qui désire cette fille, il pourra l'épouser librement à Tahiti.

S'il *s'agit d'*un garçon (2) *de sang mêlé*, étranger d'un côté, et d'une fille *de sang mêlé*, également étrangère d'une part, il leur est permis de se marier : tous deux sont également de Tahiti.

Art. 4.

Les femmes indigènes qui, dans les années précédentes, ont été légitimement unies en mariage à des étrangers, ne pourront, à la mort de leur mari, épouser de nouveau un étranger.

Art. 5.

Les femmes indigènes et les hommes étrangers qui se seront enfuis sur une terre différente pour y contracter mariage, ne pourront absolument revenir à Tahiti. S'ils s'obs-

---

(1) *Tamahine papa pae tahi*, étrangère d'un côté.
(2) *Tamaiti papaa pae tahi*.

tinent et rentrent sur cette île, ils seront jugés et condamnés à une amende. Celle de l'homme étranger sera de 20 dollars, dont 10 à la reine et 10 au gouverneur, et 20 dollars seront également l'amende imposée à la femme à cause de sa fuite : 10 pour la reine et 10 pour le gouverneur. Les officiers publics délieront entièrement et sépareront tout-à-fait ces personnes, *de sorte* qu'elles ne demeurent point à Tahiti en qualité de mari et femme. Si la femme qui s'est enfuie était antérieurement mariée, on se réglera sur la loi concernant ceux qui débauchent une femme ou un homme marié, pour infliger la peine *encourue*.

Art. 6.

Si un juge, connaissant la présente loi, unit nonobstant en mariage une femme indigène avec un étranger, il aura commis une faute. On jugera et l'on condamnera à l'amende cet homme qui aura marié ces deux personnes. L'amende sera de 20 dollars : 10 pour la reine et 10 pour le gouverneur. L'on déliera entièrement et l'on séparera tout-à-fait ces personnes unies contrairement à la loi, *de sorte* qu'elles ne puissent demeurer à Tahiti en qualité de mari et femme. — C'est par la raison que la terre des femmes de Tahiti passerait entièrement aux mains des étrangers avec lesquels elles seraient unies, qu'il a été interdit aux femmes indigènes d'épouser les étrangers.

IX.

DU MARIAGE ENTRE LES HOMMES ET LES FEMMES INDIGÈNES DE TAHITI.

Que l'on consulte encore avec soin l'ancienne loi 14ᵉ concernant certaines règles touchant le mariage, et que l'on regarde aussi avec attention ces articles nouveaux.

Art. 1er.

Que dans aucun cas la femme qui abandonne sans raison son premier mari ne soit remariée. Lorsque le mari qui a été lésé (1), sera mort, alors seulement il lui sera permis de contracter un nouveau mariage. Telle est également la règle pour l'homme qui abandonne sa femme ; qu'il attende la mort de la femme abandonnée (2), pour cohabiter avec une nouvelle épouse. Le mariage est une cérémonie sacrée, qui ne doit point être rompue sans motif ; que les officiers publics ne séparent point légèrement et sans raison ceux qui auront été mariés légitimement en concordance avec *les prescriptions de* la présente loi.

Art. 2.

Que, dans aucun cas, les habitans des différens villages ne se rendent dans un autre village que le leur pour y être mariés. — C'est un mariage hors de droit (3) que celui qui n'a point été accompli sur leur propre lieu *de résidence :* la terre est entourée de missionnaires, *c'est* par eux *que chacun* doit être marié sur sa propre demeure. — Et *si* le missionnaire desire parler au juge de district à l'égard d'un mariage susceptible de produire le trouble (4), à cause du langage *opposé* d'une partie de la famille, cela est juste. — Que le juge ne marie point les personnes dont il ne lui aura pas été réellement parlé par le missionnaire ; ce serait commettre une faute. Le missionnaire écrira les noms *des conjoints* dans le Livre des mariages. — Que l'on ne s'enfuie point dans une ville différente pour y être marié.

Art. 3.

Que l'on ne se hâte point de consacrer un mariage lorsque des personnes seront venues d'une terre différente, soit une femme, soit un homme ; que l'on attende deux ou trois semaines, afin de bien connaître s'il n'existe rien *qui puisse faire obstacle* sur la propre terre de cette personne, d'où elle est venue. — C'est une mauvaise chose que de se hâter en un jour ou en une semaine. — Si ce mariage était pour un seul

---

(1) *Hamani ino hia*, maltraité (par l'abandon).
(2) *Hamani ino hia*, maltraitée.
(3) *Tia ore*, non juste.
(4) *Huru peapea.*

68

jour, il serait permis alors d'agir avec précipitation, mais le mariage doit durer autant que l'existence du corps : il est donc juste qu'il soit contracté en parfait accord des deux parts.

Art. 4.

Ceux qui marient inconsidérément les personnes venues d'un autre endroit commettent une faute. — Si *ces personnes tiennent* en main une parole écrite par leur propre missionnaire et par les officiers publics, il est alors convenable *de les marier*. Que les missionnaires observent également *les prescriptions de* la présente loi concernant les mariages sans valeur légale (1) ; s'ils ne s'y conforment point, ils seront *eux-mêmes* violateurs de la loi. — Et si un juge prend *deux personnes* et les unit par un mariage hors de droit, il aura commis une faute, devra être jugé, condamné à une amende de 10 dollars : dont 5 pour la reine et 5 au gouverneur, et *sera* dépouillé de son office ainsi que de son grade. — Si des habitans d'une ville vont dans une autre ville pour s'y faire marier, les officiers publics devront renvoyer sur leur propre terre ces deux personnes qui se sont enfuies : qu'elles s'accordent alors à formuler le contrat par lequel doit être justifié leur mariage. — Que cela cesse *ainsi* : qu'elles ne s'obtinent point.

Art. 5.

Que les pères et mères, ainsi que les autres parens, ne montrent point trop de rigueur lorsqu'un homme et une femme se conviennent l'un à l'autre ; — ils sont en état de réfléchir eux-mêmes. — Lorsqu'un mariage n'est point contraire à la parole de Dieu, non plus qu'aux lois de cette terre, que les parens le permettent, qu'ils ne soient point rigoureux. — Que l'on ne se hâte point de marier les jeunes enfans, *c'est seulement* lorsqu'*ils ont* atteint l'âge de 13, 14 et 15 ans, qu'il est convenable de le faire.

---

(1) *Tia ore*, sans justice, sans droit.

X.

CONCERNANT LES BESTIAUX QUI VONT SUR LA MONTAGNE JUSQUE DANS LES VALLÉES DE FEI.

Cette loi concerne tous les bestiaux qui vont sur la montagne, dans les gorges et les vallées, pour manger les fei d'un propriétaire différent.

Art. 1er.

Si les cochons d'*une personne quelconque* ont accoutumé d'aller dans la vallée de féi d'une autre personne, si les féi ont été réellement détruits et les dégats commis par les cochons trois fois renouvelés dans cette vallée, le propriétaire de la vallée ira parler au propriétaire des cochons pour l'engager à venir prendre ses cochons qui mangent les féi.— *Après cela,* — que ce ne soit pas seulement après un jour, mais au bout de trois semaines, — si le propriétaire des cochons n'a point cherché quelque moyen de prendre ses cochons qui mangent les féi, les propriétaire de la vallée les traqueront eux-mêmes, et, lorsqu'ils les auront pris, il en sera fait deux parts : — une moitié pour le propriétaire de ces cochons, l'autre moitié pour les propriétaires de la vallée.

Art. 2.

Si des bœufs vont jusque dans les vallées de féi, que les féi soient ravagés par eux et que les propriétaires de la vallée aient vu ces bœufs mangeant réellement les féi, ils iront parler aux propriétaires de ces bœufs qui vont dans les vallées de féi et les engageront à venir les prendre. — *Après cela,* — qu'ils ne se hâtent point en un seul jour, mais au bout de trois semaines, à compter du jour où ils auront parlé *aux propriétaires des bœufs,*—ils s'adresseront de *nouveau à eux,* et si ces propriétaires n'ont pas cherché quelque moyen de prendre leurs bœufs, les propriétaires de la vallée les traqueront eux-mêmes, et, lorsqu'ils les auront pris, ils en porteront une moitié aux propriétaires de ces bœufs, l'autre moitié restera à ceux qui les auront pris. — Cette loi concerne les bœufs, vaches, etc., qui mangent réellement les féi ; *elle n'est* point *applicable* aux bestiaux qui n'en auront pas mangés.

Art. 3.

Lorsque les propriétaires de la vallée auront dit aux propriétaires des bœufs de faire saisir leurs bestiaux qui mangent les féi, que les jeunes gens ne se concertent pas afin d'obtenir un prix élevé pour la saisie de ces bœufs qui mangent les féi, car la perte des fruits a été considérable. — Qu'ils se contentent de 2 dollars pour prendre chaque bœuf, et après les avoir conduits jusqu'au rivage, ils devront les remettre à leur propriétaire. Si les bœufs, *ainsi repris*, sont conduits jusqu'au lieu du marché, *les capteurs* prendront alors 3 dollars par chaque tête de bétail. Afin que les fei subsistent il est convenable que les capteurs ne soient pas trop exigens.

Art. 4.

Quant aux bestiaux qui ont coutume de démolir les entourages ou de sauter par-dessus les bonnes clôtures, telles qu'elles atteignent en hauteur mesurée la tête d'un homme ; — si ce sont de fortes clôtures récemment faites ou dont aucune partie n'était antérieurement tombée, que celles par-*dessus* lesquelles les bestiaux sont entrés ; la faute est du côté de ces bestiaux ; leur propriétaire paiera la valeur des fruits ravagés par eux. — On paiera la valeur des fruits détruits par tous les bestiaux qui auront pénétré *dans un enclos*, malgré de bonnes clôtures. — On devra chercher les moyens d'empêcher les bestiaux, accoutumés à démolir les entourages solides, de commettre de nouveaux dégats, — soit qu'on les attache, soit qu'on les conduise en un autre endroit, — et si on ne peut les conduire ailleurs, on devra les tuer.

Art. 5.

Lorsque les clôtures *brisées ou franchies seront* de bonnes et solides clôtures, alors les officiers publics observeront les prescriptions de cette loi pour faire payer les fruits *ravagés*, *mais* non point lorsqu'il s'agira de clôtures mauvaises dont quelques parties étaient déjà brisées, non plusque si ce sont des entourages bas n'arrivant pas à hauteur de poitrine d'homme. Les fruits détruits à l'intérieur de ces clôtures dégradées ou trop basses ne devront pas être payés. — Les bestiaux qui ont pénétré, malgré ces entourages mal conditionnés, ne devront pas non plus être tués, on devra seulement les chasser au-dehors. — C'est du côté de la clôture que se trouve la faute, si les fruits de ces enclos ont été détruits.

Art. 6.

Si des bestiaux sont entrés dans un enclos mal entouré et dont la clôture était antérieurement brisée et tombée en partie, et que le propriétaire de l'enclos blesse ou tue ces animaux, il aura par ce fait commis une faute : les chasser simplement, tel est le moyen convenable. Si ces bestiaux ont été tués ou blessés, le propriétaire de l'enclos, qui aura tué ces animaux non coupables, devra les payer, par la raison que sa clôture était en mauvais état et n'était pas une bonne clôture telles que *celles* pour lesquelles la loi prescrit aux officiers publics de statuer *sur les dommages commis ;* la somme payée sera réglée proportionnellement au mal qu'auront éprouvé les bestiaux blessés. — Si la blessure est faible, il sera payé peu de chose ; si la blessure est grave, la somme à payer sera considérable, et si l'animal est mort, l'homme qui l'aura tué en paiera la valeur tout entière.

Cette loi s'applique également à tous les bestiaux de Tahiti.

XI.

CONCERNANT LE GRADE ET LES FONCTIONS DE CEUX QUI FONT DES RONDES DE VEILLE (1) DURANT LA NUIT ET SONT APPELÉS MUTOIS.

Cette loi règle les fonctions des mutois à Tahiti et dans tous les autres lieux de ce gouvernement où l'on désirera instituer un corps de mutois.

Art. 1er.

L'office de mutoi a été créé, à Tahiti, pour *la répression de* ceux qui circulent pendant la nuit en commettant du désordre. A 8 heures du soir la cloche sonnera, et, à 8 heures

---

(1) *Ara haere*, marcher en veillant.

et demie, toute circulation sera interdite (1). Que personne ne circule sans motifs *légitimes* après cette heure. Quand à 8 heures la cloche sonnera, chacun devra se disposer : ceux venus des bâtimens retourneront à bord de leurs navires, les véritables habitans des maisons rentreront chacuns en leur propre demeure ; et si à 8 heures et demie (2) les hommes des navires ne sont point partis et ceux des maisons ne sont pas rentrés, s'ils demeurent encore sans observer l'heure fixée pour que toute circulation cesse (3), c'est là une circulation nocturne, et les mutois devront les saisir. — L'interdiction de circuler durant la nuit (4) se prolongera jusqu'à 4 heures du matin ; — *ce qui correspond* en style tahitien *au* second chant du coq.

Art. 2.

Que l'on ne se presse point de saisir les personnes qui ne commettent aucun désordre, ni celles qui ne sont point ivres de liqueurs fermentées, on devra leur dire, lorsque l'heure sera venue : « Allez », et si elles se moquent et ne rentrent point, elles devront être conduites en prison et au ceps, et chaque personne paiera 2 dollars, après avoir été enfermée au ceps, pour être remise en liberté. — Que dans aucun cas on ne maltraite ceux qui ne se débattent pas et ne commettent point de désordre, tandis qu'on les conduit au ceps ; — cela est mal. — Que les mutois n'excitent point non plus qui que ce soit, et n'accusent point faussement *une personne quelconque*, afin de la mettre en colère, de lui faire commettre du désordre et d'être en droit, *par suite*, de la conduire en prison. — Quant aux personnes qui sont turbulentes tandis qu'on les conduit au ceps, cela les regarde, *elles en subiront les conséquences* ; ceux qui les conduiront devront agir avec vigueur en cette occasion. — Il est juste de faire manger quelque peu de nourriture (5) aux personnes renfermées au ceps.

---

(1) *Traduction littérale* : « Arrivé à l'heure 8e du soir, la « cloche sonnera, et arrivé à la demie, entre la 8e et la 9e des « heures, la nuit sera tout-à-fait sacrée (*ua moa roa te rui.*) »

(2) Et lorsque arrivé à la demi-heure qui reste pour la 9e.

(3) *Te hora moa*, l'heure sacrée (d'interdiction.)

(4) *Te moa raa o te rui*, l'interdiction (la qualité sacrée, inviolable de la nuit).

(5) *I te maa rii.*

Art. 3.

Quant aux personnes qui sont en droit de circuler durant la nuit, les mutois ne devront pas les saisir. — *Telles sont* les personnes ayant qualité de chef (1), qui tiennent une bonne conduite, *soit qu'elles appartiennent* aux bâtimens ou *résident* à terre; tous ceux qui se comportent bien dans leur circulation, n'étant point ivres et marchant sans commettre de désordre; les personnes qui ont un but réel dans leur course, tels que les pêcheurs; ceux aussi qui vont chercher des vivres; ceux qui portent des remèdes, et *ceux qui accomplissent* tous les travaux convenables qui se peuvent exécuter sans inconvénient durant la nuit; ceux encore qui désirent se rendre en canot (2) sur une terre différente, et ceux qui abordent durant la nuit, venant d'un autre lieu, auxquels il est permis de se rendre à leur maison. — Que ces différentes personnes ne soient point saisies par les mutois. — Si les mutois désirent interroger les personnes qui circulent sans commettre aucun trouble, et si ces personnes répondent évasivement par telle ou telle parole, leur marche n'ayant pas un but convenable, elles auront commis une faute en répondant par des paroles fausses et évasives. — C'est là une circulation nocturne *telle que la punit la présente loi*.

Art. 4.

Les personnes qui n'observent point les lois et s'en vont commettant du trouble durant la nuit, telles que les personnes ivres de liqueurs spiritueuses, les personnes débauchées, celles qui vont voler, celles qui vont endommager la maison ou les propriétés ou la terre d'un autre, et ceux qui maltraitent les bestiaux ou la femme et tous objets appartenant à une autre personne, se rendent coupables d'un délit. — Les mutois devront arrêter tous ceux qui commettent ces différens actes durant la nuit.

Art. 5.

Que les mutois ne se hâtent point *d'agir* à propos de paroles *échangées* par d'autres personnes dans leur propre

---

(1) *Huru raatira.*

(2) *Hoe noa i te tahi fenua ê*, ramer, pagayer vers une autre terre.

maison. Si le propriétaire d'une maison dit aux mutois d'arrêter *ceux qui mettent le trouble chez lui*, c'est alors qu'ils devront les saisir, et si l'on sait qu'un individu ivre maltraite une autre personne en dedans de la maison, ils devront aussi saisir cet individu. Dans les querelles *s'élevant* entre deux hommes, ils ne devront point non plus se hâter; si la personne maltraitée s'adresse à eux, c'est alors que les mutois devront arrêter *celle par laquelle elle aura été maltraitée*. Et *pour ce qui concerne* les débiteurs (1), s'ils sont positivement requis par la personne dont la propriété prêtée ou louée a été détruite ou détournée, ils devront les arrêter et les retenir en prison; qu'ils ne se hâtent point *toutefois*; qu'ils interrogent le créancier, *afin de connaître* depuis quand il est arrivé et à quelle époque il s'est adressé à son débiteur *pour recouvrer les objets à lui prêtés ou loués*, et s'il est reconnu que c'est depuis longtems et que le débiteur s'est moqué de son créancier, lorsque celui-ci lui a redemandé sa propre propriété, alors les mutois devront arrêter le débiteur et l'emprisonner jusqu'à ce que sa dette soit payée; qu'on ne le maltraite point et qu'il soit pourvu à sa subsistance.

Art. 6.

Que les mutois ne pensent point qu'il leur doive revenir aucun argent de ceux qui, circulant durant la nuit et commettant des actes *répréhensibles* hors de leur vue, n'ont pas été pris par eux et n'ont pas été enfermés au ceps. — Quant à ceux qui couchent dans la maison d'un autre et n'ont pas été pris, soit en s'y rendant, soit en en revenant, — comme les personnes venues des bâtimens, — ils devront être jugés et condamnés à la peine *de droit* selon la loi qui concerne leur faute, lorsque cette faute sera connue.

Que les mutois ne demandent point d'argent pour les délits dont ils n'auront pas saisi *les coupables*; ceux-ci devront être jugés d'après la loi, lorsqu'ils seront connus. Lorsque les fauteurs de désordre seront bien et dûment arrivés en dedans *de la prison et mis* au ceps, alors les mutois devront recevoir leur prime, *qui sera de* deux dollars par personne. Qu'ils ne réclament point d'argent *à qui que ce soit* pour être resté pendant la nuit dans un autre lieu *que celui de sa propre demeure*. — A ceux seulement qui auront été saisis

(1) *Aitarahu*, mange-prêt.

pendant qu'ils circulaient et commettaient du désordre, ils seront en droit d'en réclamer.

Art. 7.

Le travail qu'il convient aux mutois de remplir durant le jour, *c'est la surveillance* des mauvaises actions projetées; et si ceux qui ont formé de mauvais desseins les accomplissent durant le jour, — comme les hommes des navires qui viennent et maltraitent ceux de terre, — les mutois saisiront ces hommes venus des navires (1) et les emprisonneront. Dans le cas où ceux des navires feraient une résistance violente, ceux de terre agiraient violemment aussi à leur égard, les miroa devront alors secourir les mutois, et ces hommes seront conduits au ceps. Il est bon que le sang ne soit pas répandu, et, lorsque la prime *allouée* pour la mise au ceps aura été payée, on jugera encore ceux qui, d'après la loi, devront subir jugement.

Art. 8 (2).

Les hommes de terre également qui projetteront et conviendront entre eux de se maltraiter eux-mêmes sur cette terre, s'ils sont au nombre de deux, trois, ou en plus grand nombre, les armes à la main ou sans armes, *se disposant* à se frapper l'un l'autre ou les uns les autres à coups de poings, lorsque l'on saura qu'ils se sont accordés en paroles *pour ce combat* et qu'ils se disposent à l'accomplir, les mutois prendront ces individus et les conduiront au ceps. — Qu'on ne les laisse point se frapper librement ou tirer librement l'un sur l'autre avec une arme à feu, ou se blesser avec des armes tranchantes; que les mutois les saisissent. C'est une mauvaise chose sur cette terre; on doit empêcher que ces mauvaises pratiques s'élèvent à Tahiti. Et si ces hommes ont en quelque façon violé les lois de cette terre, ils seront jugés pour cela et condamnés aux peines prescrites par la loi qu'ils auront violée par cette eixe ou ce combat.

Art. 9.

Si une personne quelconque accomplit durant le jour du sabbat quelqu'un des actes répréhensibles interdits par les

---

(1) *To tai mai taata*, hommes venus de la mer.
(2) Cet article se rapporte aux duels.

présentes lois, les imiroa, ou sinon les mutois, se rendront auprès de cette personne et lui diront de cesser, de ne point faire ce qui est interdit durant le jour du sabbat ; si elle les écoute et cesse au moment même où il lui sera parlé, l'affaire n'aura point de suite.— D'après les lois du pays, devront être jugés ceux qui n'observent pas le sabbat. —Si *la personne avertie par les officiers publics* s'obstine dans l'accomplissement *de ces actes interdits* et si elle ne cesse point ce dont il lui aura été parlé par ces officiers, elle devra être conduite au ceps, et, après avoir pris la peine d'emprisonnement, le lundi, elle sera jugée et condamnée pour n'avoir point observé le jour du sabbat. Il est bon que le mal soit promptement détruit (1). Que les mutois, les officiers publics et ceux qui dirigent ce gouvernement ne s'imaginent point que le bien réside dans la quantité considérable d'argent prise sur ceux qui se rendent coupables des différens délits, c'est là un très faible bien : le seul bien véritable qui puisse produire le salut de la terre consiste dans l'extinction du mal.

Art. 10.

La reine, le régent qui dirige ce gouvernement et les Sept *grands juges* devront choisir avec soin les personnes qu'il est convenable de nommer mutois.—Que ceux d'une conduite déréglée, violant les lois, ne puissent s'élever jusqu'à ce grade (2) : on doit songer que ces fonctions doivent *contribuer à* faire marcher en droit chemin le gouvernement de la reine. Ce n'est point une chose que l'on puisse acheter avec de l'argent, c'est un office important et utile lorsqu'il est bien rempli.—Lorsqu'un homme sera entré au corps des mutois, on devra lui remettre à la main, en signe de son grade, un bâton taillé, d'une coudée de long. *Les mutois* devront porter ce bâton lorsqu'ils marcheront dans l'exercice de leurs fonctions, afin que l'on connaisse que ce sont des personnes gradées.

Art. 11.

Que les mutois ne s'imaginent point, parce qu'ils ont dans la main le bâton *insigne* de leur grade, qu'ils puissent aller

---

(1) A la mort prompte du mal *est* le bien.

(2) *Oia hnere i roto i teinei toroa*, sauter dans ce grade.

frapper les autres personnes sans tenir compte de la loi et de la faute ; les mutois arrivent aussi sous le coup de la loi s'ils maltraitent les personnes non coupables. Le mutoi *qui agirait ainsi* serait jugé, si la personne non coupable aux yeux de la loi, par lui maltraitée, desirait le conduire devant le juge, et il serait condamné selon que le prescrit la loi concernant ceux qui se livrent à des voies de fait envers d'autres personnes.

Art. 12.

Les mutois observeront également les paroles de la loi concernant l'entrée dans les maisons des personnes de bien qui observeront les lois ; ils ne devront point entrer de force dans une maison où l'on ne saura pas positivement que des actions coupables s'accomplissent, n'ayant que de simples soupçons : ils ne devront pas donner promptement cours à leurs pensées, et devront aller chercher un écrit de la reine ou de l'un des Sept. — C'est avec cet écrit à la main qu'ils entreront dans la maison suspecte pour y rechercher le mal qu'on y soupçonne.

Art. 13.

Le corps de mutois établi à Papeete observera comme limite dans les rondes de nuit : Vai-Poa *d'un côté* et Paefai de l'autre. — Si la reine se rend en d'autres lieux, qu'elle n'emmène point les mutois créés à Papeete pour faire surveiller durant sa marche ; elle trouvera une garde dans tous les autres lieux : ce sont les miroa. Et si les différens villages desirent instituer également pour eux un corps de mutois, c'est à leur choix de les instituer ou de ne point les instituer.

Art. 14.

L'argent que l'on retirera du service des mutois, par le nombre de ceux qu'ils auront réellement conduits et enfermés au ceps, sera partagé par exactes moitiés pour qu'il en soit fait deux parts : moitié pour la reine et l'autre moitié pour tous les mutois. Le grand chef des mutois aura sa part dans la moitié destinée à la reine : la reine et lui établiront avec soin ce qui doit lui revenir, de façon que si 100 dollars sont revenus à la reine, 15 dollars appartiendront au grand chef des mutois sur ces 100 dollars. — On devra établir de même avec soin le partage de l'autre moitié entre ceux qui font ce service, de façon qu'ils soient tous satisfaits. Lorsque l'argent sera rassemblé, comme 200 dollars ou 400 dollars, on devra le partager; et si la reine ainsi que ceux qui accomplissent ce service désirent remettre le partage à l'année, comme faire deux partages en une année, cela est à leur choix: il est juste qu'ils s'accordent à ce sujet.

XII.

CONCERNANT L'INTERDICTION DE LA VENTE DES TERRES.

Cette loi interdit de vendre la terre à une autre personne à Tahiti, Moorea et dans toutes les autres terres rangées sous le gouvernement de Pomare.

Art. 1er.

Qu'aucune terre ne soit vendue à Tahiti, non plus qu'à Moorea; qu'on laisse la terre; qu'on ne la vende point, et qu'elle passe de génération en génération entre les mains de ceux qui en sont les véritables propriétaires. L'homme qui s'obstinera à vendre sa terre à une autre personne sera jugé et condamné à creuser 50 brasses de route; on prendra cette terre qu'il voulait vendre et il sera banni sur une autre terre pour y demeurer.—Si cet homme a des parens, on leur remettra la terre *confisquée*, et s'il ne reste personne de sa famille, que lui seulement, on remettra la terre entre les mains de la reine et du gouverneur pour qu'elle y reste.

Art. 2.

L'homme qui prendra et vendra une terre n'étant pas réellement la sienne propre, mais celle d'une autre personne, devra être poursuivi par les officiers publics. — Cet homme sera un voleur de terre; il devra être jugé et condamné à payer 20 dollars: 10 aux propriétaires véritables de la terre, 5 à la reine et 5 au gouverneur. On retirera cette terre d'entre ses mains et elle sera remise à ceux à qui elle appartient réellement.

Art. 3.

L'homme qui aura tenté de vendre réellement sa propre terre,—sa famille ayant eu positivement connaissance de son contrat de vente et ne l'ayant point empêché, — cet homme vendeur *de terre* sera jugé et condamné à défricher 50 brasses de route, et on le privera de sa terre ainsi que ses parens, ceux-ci pour n'avoir point dit aux officiers publics : « Voilà, un tel (1), qui s'accorde en marché pour vendre sa terre » ; lui, pour ne pas les avoir écoutés. — La terre sera remise entre les mains de la reine et du gouverneur pour y rester. — On chassera celui qui produit le trouble par son obstination à vendre sa terre : 10 brasses de travail lui seront infligées, qu'il accomplira lorsqu'il se sera rendu sur la nouvelle terre *de sa résidence. Cette peine lui sera imposée* à cause de son obstination à commettre cette faute de vendre la terre, laquelle *faute* est absolument interdite par la présente loi.

XIII.

CONCERNANT L'INTERDICTION DE LOUER LA TERRE A TOUTE PERSONNE VENUE DES AUTRES CONTRÉES A TAHITI ET MOOREA, AINSI QUE DANS TOUTES LES TERRES DE CE ROYAUME.

Art. 1er.

Que jamais aucune personne ne loue (2) de nouveau sa terre à un étranger, non plus qu'à qui que ce soit. Toutes les locations conclues durant les années précédentes, jusqu'au 1er juin 1842, subsisteront ainsi que le contrat en a été formulé ; toutes celles établies dans le courant *des mois* de juin et de juillet dernier, et pendant les mois suivants, sont illégales (3) ; ces contrats récens devront être annulés d'après la présente loi. Si un homme s'obstine à conclure de nouveaux contrats dans le but de louer sa terre à une autre personne, pour que cette personne en fasse un lieu de culture, c'est là une faute suivant cette loi, on jugera et

---

(1) *O mea*, chose.

(2) Le texte dit *aitarahu*, qui signifie proprement manger le prêt, devenir insolvable ; ce mot est évidemment ici hors de lieu, c'est simplement *tarahu*, louer, prêter, qu'on devait écrire.

(3) *Ua hapa i te ture*, sont une faute dans la loi.

condamnera *celui qui s'en rendra coupable* à défricher 100 brasses de chemin ; on lui retirera la terre qu'il voulait louer à quelqu'un autre : elle sera donnée à sa famille, et, *s'il n'a* point de parens, on la remettra entre les mains de la reine et du gouverneur, afin qu'elle y demeure. — Son contrat de location sera tout-à-fait annulé : on devra le rompre entièrement.

Art. 2.

Chaque homme devra cultiver (1) sa propre terre, ainsi qu'il est dit dans la loi concernant la culture, et si quelqu'un conclut en secret un contrat de location de terre, ce contrat devra être annulé. — Il a été établi en lo que de tels contrats ne devront en aucune façon se produire (2) à Tahiti. — On jugera l'homme qui aura conclu, en secret, ce contrat qui viole la loi (3) ; sa peine devra être de 100 brasses de route à défricher : on donnera sa terre à un propriétaire différent *choisi* parmi les membres de sa famille, et, s'il n'a point de parens, cette terre sera remise entre les mains de la reine et du gouverneur pour y demeurer.

Art. 3.

Que les amis étrangers (4) ne soient point conduits en tout endroit pour que la terre soit remise entre leurs mains, qu'ils restent à Papeete : c'est là qu'on devra les visiter et leur fournir des provisions (5), si on desire leur en porter. — Cette loi ne regarde point les maisons qui sont en location aux lieux où les navires viennent au mouillage ; — elle annule seulement les contrats par lesquels la terre serait louée à une autre personne, et défend absolument aussi les dons de terre conçus de façon qu'elle passe en toute propriété aux mains d'une autre personne *que le propriétaire originaire*.

---

(1) *Faapu*, faire produire, engendrer.

(2) *Tupu*, croître.

(3) *Te parau e fati ai te ture*, la parole par laquelle la loi est brisée.

(4) Non indigènes.

(5) *Faamu*, faire manger.

XIV.

CONCERNANT LA CULTURE, QUE CHACUN DOIT FAIRE DE SA PROPRE TERRE, TOUT AUTOUR DE TAHITI ET DE MOOREA.

Loi concernant la culture et le défrichement de la terre, afin que cette contrée devienne très bonne et que la nourriture y croisse en tous lieux.

Art. 1er.

Il est juste, convenable, que tout homme cultive sa propre terre; que chacun entoure de clôtures un espace de terrain (1) et sème de tous les fruits (2). — Qu'aucun homme ne se montre paresseux dans la culture de sa propre terre qui doit fournir à sa nourriture ainsi qu'à celle de sa famille. — L'homme jeune et valide (3) qui demeurera dans l'oisiveté, qui ne défrichera point sa terre et qui n'entourera point un enclos, que personne absolument ne lui donne à manger, et s'il prend, sans y être autorisé, des denrées alimentaires appartenant à quelqu'autre personne, on devra le juger et lui infliger une amende de 2 cochons, *à payer* au propriétaire *de ces* denrées, et à un travail de 50 brasses de route *à défricher*.

Art. 2.

Quant à l'homme infirme et *au* vieillard, qui ne sont point capables de cultiver leur terre, il est loisible à ceux qui désirent leur donner quelque nourriture de le faire. Ces dons *volontaires* restent à leur propre disposition (4); c'est une bonne chose. Mais les véritables parens devront pourvoir à la nourriture de leurs *parens* infirmes et de leurs vieillards; — ce serait une faute *de leur part s'ils ne le faisaient* point.

---

(1) *Aua i te aua*, enclore un enclos.

(2) *Te mau maa atoa* de toutes les nourritures, de toutes sortes de produits alimentaires.

(3) *Taata taureare*.

(4) *Traduction littérale :* Avec eux-mêmes le don.

Art. 3.

On laissera les personnes qui le désireront demander librement de toutes sortes de denrées alimentaires, — *pourtant*, que l'on n'adresse point fréquemment ces demandes au même propriétaire. — Celui qui demande devra s'en tenir aux fruits ou denrées qui lui auront été désignés par le propriétaire; ceux qui, allant demander des provisions, ne s'en tiendront pas à ce qui leur aura été montré par le propriétaire *de ces* provisions et prendront illicitement, couperont ou arracheront, sans autorisation, des fruits ou denrées alimentaires quelconques, *ceux-là* seront jugés et condamnés à payer 2 cochons au propriétaire des denrées enlevées et à défricher 50 brasses de route.

Art. 4.

Il est convenable que tous les hommes forment un enclos de fruits et de produits alimentaires, auprès du village dans le lieu habité par le missionnaire; et s'ils désirent aller enclore un autre terrain pour la culture en leur propre place, à une certaine distance, ils pourront y aller et devront revenir ensuite au village : c'est là que la majeure partie des semences devra être faite et le foyer établi (1). — Que l'on n'abandonne point le village et le missionnaire, et l'observance de la parole véritable de Dieu par laquelle doit vivre l'Esprit.

Art. 5.

Ceux qui monteront *sur les arbres* et en prendront les fruits sans en avoir demandé l'autorisation au propriétaire, soit sur les arbres à pain plantés auprès de la maison, sur ceux qui sont enclos ou sur ceux qui ont été bien dégagés *des plantes environnantes;* soit sur les féis ; sur les cocotiers, etc. ; s'ils sont vus par le propriétaire ou s'il a connaissance du fait et qu'il désire réclamer un dédommagement, il sera en droit de demander un cochon en bon état (2) ou sinon 3 dollars, ce qui est en argent la valeur correspondante au cochon d'une qualité convenable, tel que l'entend la loi. —

---

(1) *Ei reira te Tuaroi e vai iho ai*, là, le lit (la demeure) devra être laissé.

(2) *Hoe puaa maitai*, un bon cochon.

Si cet homme qui a pris les fruits d'un autre se moque *et refuse de payer*, on le conduira en jugement et il sera condamné à une amende de deux cochons de belle qualité, ou sinon 5 dollars à payer au propriétaire des fruits, et, de plus, 50 brasses de route pour la reine, qui devront être bien défrichées, *ainsi que doivent l'être* toutes les tâches imposées dans les présentes lois, que l'on devra pas se contenter de nettoyer simplement.

XV.

CONCERNANT LES HOMMES MARIÉS ET LES FEMMES MARIÉES.

Cette loi concerne les hommes mariés et les femmes mariées, ainsi que ceux qui remplissent l'office d'entremetteurs et ceux qui recèlent les personnes coupables.

Art. 1er.

Le mari et la femme observeront rigoureusement les *engagemens du* mariage légitime. A la mort de l'un des conjoints, alors seulement, l'union sera brisée suivant la loi du mariage.—Que l'on ne pratique point l'usage impie de co-habiter en commerce illégitime; c'est une chose criminelle devant Dieu comme devant les hommes. — Lorsque le mariage sera accompli entre un homme et une femme, ils devront user l'un envers l'autre de bons procédés et se rester mutuellement fidèles. Que la pensée d'abandon ne s'élève point *en eux.*

Art. 2.

Si un homme marié prend la femme de quelqu'un autre, sa femme légitime devenant *justement* irritée, on le jugera et il sera condamné à une amende de 10 cochons envers le mari de la femme qui aura été prise par lui, et à un travail de 100 brasses de route pour la reine et le gouverneur.—Si une femme sans reproches (1), observant les lois et n'ayant jamais subi de jugement, desire se séparer (2) de son mari, à cause des relations criminelles réellement *établies* entre lui et une femme différente, cela reste à sa disposition; qu'elle

(1) *Upootia*, innocente, n'ayant aucune faute à se reprocher.—*Décomposant le mot :* tête juste, droite.

(2) *Haapae*, mettre de côté.

ne se hâte point pourtant; qu'elle réfléchisse mûrement, et, si son désir de séparation persiste, si elle n'éprouve plus d'affection pour cet homme, elle devra se rendre auprès du missionnaire pour écrire l'acte qui fera connaître leur séparation.—Dans le cas de libertinage seulement, cette séparation *peut être admise*.—Si la femme de bonne conduite qui aura quitté son mari pour cause de libertinage désire s'unir à un nouvel époux, cela lui sera permis; quant au mari abandonné *à cause de son infidélité*, qu'en aucun cas il ne soit uni à une nouvelle femme jusqu'à la mort de celle qu'il a offensée : alors seulement, il lui sera permis de contracter un nouveau mariage. —Ces prescriptions seront également applicables aux femmes mariées qui prendront le mari d'une autre femme; la peine infligée à celle qui sera jugée pour avoir débauché un homme marié sera de *confectionner* 30 brasses d'étoffe indigène, *dont* 20 brasses pour la femme du mari qu'elle aura entraîné, 5 brasses pour la reine et 5 brasses pour le gouverneur.

Art. 3.

Si quelqu'un remplit l'office d'entremetteur auprès d'un homme marié ou d'une femme mariée, *afin de l'entraîner à un acte de libertinage*, c'est là une faute d'après la présente loi. Les officiers publics prendront des informations et chercheront de quelle nature est l'entremettage *accompli*, si c'est en paroles ou bien en portant des objets *donnés en présent* à la personne désirée; et lorsque l'on saura que quelqu'un s'est rendu coupable de l'un de ces actes, on le jugera et on le condamnera à une amende.—Soit que l'entremettage ait été accompli par un homme ou par une femme, l'amende sera la même.—Si dans cet acte d'entremettage, un homme marié et une femme mariée ont été offensés à la fois par l'entremetteur, l'amende infligée à celui-ci sera de 10 cochons, ou sinon de 20 dollars : 5 cochons pour la femme de l'homme devenu coupable et 5 cochons pour le mari de la femme débauchée par suite de cet entremettage. Si l'une seule *des personnes servies par l'entremetteur* est mariée, l'amende de celui-ci sera de 5 cochons seulement *qui seront donnés* à la personne offensée *par son fait*. Si ceux entre lesquels l'entremettage aura été accompli sont célibataires, l'amende sera également de 5 cochons, *dont* 3 pour la reine et 2 pour le gouverneur; si l'amende est payée en argent, elle sera, pour celui qui aura servi d'entremetteur à deux personnes célibataires, de 10 dollars, *dont* 5 pour la reine et 5 pour le gouverneur. — C'est une très mauvaise chose que l'acte d'entremettage.

Art. 4.

Si un homme enlève la femme d'un autre et se cache avec elle dans les bois, les officiers publics chercheront ces deux personnes, et, lorsqu'elles auront été découvertes, elles seront jugées et condamnées : l'homme, à une amende de 10 cochons et 100 brasses de travail pour avoir pris *la femme d'un autre*, ainsi qu'il est dit à l'article 2e ; il sera condamné, en outre, pour *s'être* caché dans les bois *avec cette femme*, à payer 10 cochons et à défricher 100 brasses de route : 18 cochons *seront donnés* au mari de la femme qui aura été conduite dans les bois, et 2 cochons, le 19e et le 20e, seront *remis* à ceux qui auront cherché et découvert ces deux personnes. — Si *ces personnes* font un long séjour dans les bois, et que six mois soient écoulés avant qu'on les trouve, il *leur* sera imposé trois peines, chaque peine étant pour l'homme coupable une amende de 10 cochons et un travail de 100 brasses de route. — La femme sera aussi condamnée à *confectionner* 30 brasses d'étoffe *indigène* pour avoir accompli *cet acte d'adultère*, ainsi qu'il est dit à l'article 2e ; elle sera condamnée, en outre, pour s'être enfuie dans les bois avec le mari d'une autre *femme*, à *confectionner* 30 brasses d'étoffe indigène, ou sinon, en argent, chaque amende sera de 12 dollars ; et si elle a passé 6 mois dans les bois, cette femme sera aussi condamnée, à cause de son *séjour* prolongé, *à confectionner* encore 30 brasses d'étoffe. *Ces amendes* seront ainsi partagées : 20 brasses à la femme de l'homme *avec lequel elle s'est cachée*, 10 brasses à la reine et au gouverneur. — La femme *de l'homme coupable* donnera 10 brasses d'étoffe à ceux qui auront cherché son mari dans les bois et l'auront fait découvrir.

Art. 5.

Ceux qui recèlent des personnes coupables, — telles que celles qui s'enfuient dans les bois pour s'y cacher, un homme et une femme *ensemble*, — sachant que c'est bien dans le but de se cacher que ces deux personnes se sont enfuies ; — ceux-là sont pareils aux entremetteurs : ils devront être jugés et condamnés à payer une amende de 10 cochons ou de 20 dollars par chaque fois qu'ils auront caché *des coupables*. Cette amende sera partagée entre les personnes offensées, *par le fait auquel elles auront prêté la main*, selon qu'il est prescrit pour l'amende imposée aux entremetteurs.

Art. 6.

Si un célibataire prend une fille non mariée, il sera jugé et condamné à faire 50 brasses de route qui devront être bien défrichées :—les tâches de travail imposées en punition ne devront pas être simplement dégagées, mais soigneusement accomplies, afin que la loi soit satisfaite.—Et si ces personnes célibataires s'enfuient dans les bois, *il leur sera imposé* deux peines lorsqu'*elles seront* découvertes ; et si leur séjour dans les bois est longuement prolongé, si elles y passent 6 mois, il leur sera imposé une troisième peine :—50 brasses de travail, telle sera chacune des peines infligées à l'homme qui aura conduit *dans les bois* une fille non mariée. — L'amende imposée à la fille sera payée en étoffe indigène *et devra être* de 50 brasses, *dont* 5 à la reine et 5 au gouverneur ; sinon, en argent, 4 dollars, dont 2 à la reine et 2 au gouverneur. — Telle *devra être* chacune des amendes. — C'est une grande faute pour les personnes célibataires que de vivre en commerce illégitime ; se marier légitimement, telle est la chose convenable si deux personnes célibataires se désirent l'une l'autre : — qu'elles ne co-habitent point illégitimement et en secret ; c'est là une véritable faute.

XVI.

CONCERNANT L'HOMME QUI ABANDONNE SA FEMME ET LA FEMME QUI ABANDONNE SON MARI.

Que les paroles d'abandon de l'un des conjoints par l'autre ne s'élèvent point entre eux ; ce n'est pas pour qu'il en soit ainsi qu'ils ont été mariés, c'est *au contraire* afin qu'ils demeurent en bon accord jusqu'à la mort de l'un *ou de l'autre*.

Art. 1er.

Si l'un des deux *conjoints*, soit le mari, soit la femme, s'obstine dans les paroles d'abandon sans que l'autre se soit rendu coupable de relations illicites avec une personne différeute (1), les officiers publics *le* retiendront et *le* ramèneront *auprès de l'autre partie conjointe:* et, s'il a été ramené souvent et s'obstine encore dans ces paroles, on attendra quelque temps: on devra tenter d'annuler ces paroles d'abandon de la femme ou du mari et ne point se hâter de prononcer la séparation. Si *celui des deux époux qui désire abandonner l'autre* persiste dans son obstination et n'écoute point les officiers publics, il sera jugé et condamné,—si c'est un homme qui abandonne sa femme sans motifs, l'amende imposée sera de 10 cochons *qui seront donnés* à la femme injustement abandonnée par lui, et il se rendra sur un autre lieu pour y demeurer; —qu'il n'habite point auprès de la femme qu'il aura abandonnée,— *Il lui sera infligé en outre* une tâche de travail *à accomplir* pour la reine, *qui sera de* 100 brasses de route,—et il ne devra point co-habiter avec une autre femme jusqu'à ce que la femme abandonnée par lui soit morte.—Si c'est une femme qui abandonne son mari sans que celui-ci se soit rendu coupable en prenant une autre femme et si elle ne revient pas auprès de lui lorsque les officiers publics la ramèneront, on la jugera et elle sera condamnée à payer 30 dollars, dont 20 à l'homme abandonné par elle sans motifs légitimes, 5 à la reine et 5 au gouverneur.—Cette femme se rendra sur un autre lieu pour y demeurer; — qu'elle ne demeure point auprès de l'homme injustement abandonné par elle; qu'elle ne co-habite point non plus avec un autre mari jusqu'à ce que celui qu'elle aura abandonné soit mort. Ceux qui auront contrevenu à la présente loi ne seront jamais en droit d'élever des paroles d'abandon.

Art. 2.

Si un juge, ou tout autre individu, marie ces personnes qui auront abandonné leur femme ou leur mari, et pour lesquelles est faite la présente loi, on le jugera et on le condamnera à payer une amende de 20 dollars pour chaque mariage *ainsi conclu par lui contrairement à la loi*, et l'on retirera son office de juge à celui qui, revêtu de ces fonctions, aura marié des personnes coupables d'avoir abandonné leur mari ou leur femme.—Que les juges n'écoutent point la parole des personnes puissantes pour conclure de semblables

---

(1) *No te rave rau ia vetahi ê*, en prenant une personne différente.

mariages ; — il n'est point d'homme puissant qui soit en droit de violer les lois établies. — Si un homme puissant s'obstine à violer les présentes lois, c'est là une véritable rébellion contre le gouvernement, on le jugera et on le condamnera *selon qu'il est prescrit* pour ce fait. — Les femmes qui ayant abandonné leur mari et les maris qui ayant abandonné leur femme, seront mariés à une autre personne, quoique coupables de ce fait d'abandon non justifié de leur conjoint, devront être jugés et condamnés pour avoir pris une autre personne ; ils seront tout-à-fait séparés *de la personne avec laquelle ils s'étaient illégalement unis, de sorte* qu'ils ne demeurent point à Tahiti en qualité de mari et femme. A la mort seulement de la personne abandonnée, il sera loisible à celle qui abandonne de contracter un mariage nouveau, car la terre est souillée par cette faute.

Art. 3.

Si la femme d'un homme meurt et qu'il reste une sœur plus jeune de cette femme, que cet homme, en aucun cas, ne soit marié à cette sœur de sa femme ; — que la femme dont le premier mari sera mort ne soit point non plus mariée au frère plus jeune de son mari décédé : — il leur est loisible d'épouser une personne différente. — Que l'on ne co-habite point deux fois avec le *produit* du même sein ; c'est là une chose interdite par la présente loi.

Art. 4.

Les femmes qui auront conçu dans les bois et cacheront le nom de l'homme par le fait duquel elles sont enceintes, seront jugées et condamnées à *confectionner* 30 brasses d'étoffe indigène : — 20 brasses à cause de leur refus de dénoncer leur complice et 10 brasses pour la faute elle-même. — Cette amende sera partagée entre la reine et le gouverneur. — Et si, plus tard, l'homme *coupable de ce fait* vient à être connu, il sera jugé et condamné à défricher 100 brasses de route. — Si l'un et l'autre sont célibataires, il sera convenable de les marier. — C'est une très mauvaise chose que ce fait des femmes devenant enceintes sans être mariées. — Que l'on ne dise point c'est une bonne chose, *puisque* la créature humaine est reproduite (1) ; c'est là une reproduction mauvaise

---

(1) *E mea maitai e taata tei noaa mai*, une chose bonne un homme étant acquis, obtenu, *par ce fait*.

provenant du péché; ce n'est point une bonne chose, c'est une chose mauvaise que cet acte, une chose par laquelle cette terre serait souillée de péché. — La seule chose réellement bonne, c'est le mariage légitime : et la séparation des personnes légitimement mariées doit être difficile à obtenir.—Lorsque tous les moyens *à la disposition* des officiers publics, pour annuler *les paroles de séparation* et retenir la personne coupable *auprès de son conjoint*, seront épuisés sans résultat, ils se conformeront aux paroles de la *partie* non coupable; et si elle consent à ce que la personne coupable soit jugée, on la jugera alors et elle sera condamnée selon qu'il est prescrit à l'article 1er.

XVII.

CONCERNANT LES TORTS ET PRÉJUDICES CAUSÉS A QUELQU'UN, AINSI QUE LES MAUVAIS TRAITEMENS EXERCÉS ENVERS AUTRUI.

Loi interdisant le mensonge, les violences exercées envers une femme, le viol durant le sommeil, le commerce honteux entre les personnes du même sexe, et tous les actes et pratiques répréhensibles qui peuvent s'élever sur cette terre.

Art. 1er.

Que tous les hommes observent dans leurs paroles l'exacte vérité, soit qu'ils parlent à autrui, soit qu'ils soient appelés en témoignage.—Qu'ils n'accusent point faussement, *de propos délibéré*, sachant bien que leur accusation est fausse. — Mais, pour ce qui est de l'accusation d'un délit quelconque, faite avec la pensée que la personne accusée est réellement coupable et que la faute a été commise par elle,—cette accusation est juste : la persone accusée en sera sauvée par la loi, si, après information, il est reconnu qu'elle ne s'est point rendue coupable du fait dont on l'accusait.—Celui qui accuse avec l'intention réelle de porter préjudice à quelqu'un et de faire juger une personne innocente, commet une faute. On devra le juger et le condamner à une amende de 2 cochons envers la partie lésée et à un travail de 50 brasses de route. — Non point s'il s'agit de paroles insignifiantes prononcées en plaisanterie : ce ne sont point là les torts dont s'occupe la loi.

Art. 2.

Ceux qui projettent d'accomplir de mauvais desseins, comme de nuire aux membres de la famille royale ou à toute autre personne, de démolir ou d'incendier la maison d'autrui, de tuer ou de blesser un individu quelconque,—ou tout autre acte criminel qui soit projeté, — si l'un d'entre eux se repent et se hâte d'en venir donner connaissance aux officiers publics (dans le cas où il ne serait pas lui-même le fauteur (1) de ce projet), on lui donnera qualité de témoin pour constater la culpabilité des autres, lorsque l'on saura que *le fait* est exact. — Quant au véritable fauteur de ces mauvais desseins, on ne devra point l'admettre en qualité de témoin. — On jugera et on condamnera toutes ces personnes d'après le rapport *fait par l'une d'elles;* — celui qui sera venu porter témoignage ne devra pas être condamné, et on se réglera pour la condamnation des autres sur la loi concernant les actes accomplis par eux.—Dans le cas où leurs desseins n'auraient pas été accomplis, si le projet avait été seulement formé, on partagerait l'amende encourue par la moitié, et cette moitié seule leur serait imposée à cause de ce que le fait projeté n'aurait pas été mis à exécution. — L'homme qui aura réellement formé de mauvais desseins contre la reine sera banni (2) ; c'est là un acte de rébellion contre l'Etat.

Art. 3.

Si, dans un lieu solitaire ou dans les bois, un homme se livre, envers une femme, à des actes de violence, tels que de la prendre à la gorge ou de toute autre façon, afin d'arriver à l'accomplissement de ce qu'il desire, si l'on sait positivement que cela a été réellement obtenu par violence sans que cette femme y ait en rien consenti, et qu'au contraire elle a

(1) *Te tumu*, la source.

(2) L'expression *hee* employée dans le texte, ayant un sens passé, est plus énergique que le mot ordinairement en usage pour exprimer le bannissement; *hee* signifie proprement: être parti, — donnant l'action comme déjà accomplie. — Le sens réel de cette dernière phrase serait donc: Celui qui forme de mauvais desseins contre la reine est parti (est exilé d'avance).

appelé, qu'aucun secours n'est arrivé et que *cette femme* a été tout-à-fait violée, — cet homme aura commis une grande faute : — il sera jugé et condamné à donner 10 cochons à la femme envers laquelle il se sera livré à ces actes de violence et *accomplira, en outre*, 200 brasses de travail de telle nature qu'il convient aux lois.—Si la femme ainsi violentée est une femme mariée, 5 cochons seront aussi donnés à son mari, *de façon que* l'amende imposée à l'homme qui usera de violence envers une femme mariée s'élevera à 15 cochons.

Art. 4.

Si un homme profite du sommeil d'une femme pour accomplir sur elle de coupables desseins (1), cette femme étant réellement endormie, — c'est une grande faute également : cela correspond aux mauvais traitemens exercés envers autrui ; c'est une voie de fait cachée. — Si l'on connaît qu'un homme ait réellement agi de la sorte, on le jugera et on le condamnera à une amende de 5 cochons envers la femme offensée *par ce fait*, et à exécuter un travail de 100 brasses. — Si cette femme est mariée, le coupable donnera également 5 cochons à son mari.

Art. 5.

Si quelqu'un accomplit l'acte honteux qui fut cause de la destruction de l'ancienne ville de Sodôme, etc., et qui a été appelé à Tahiti : *paia*, un homme et un homme, *agissant* l'un envers l'autre ; on devra juger *ceux qui se rendent coupables de cet acte*, et les condamner à exécuter chacun 300 brasses de travail.—Si un homme accomplit quelque autre acte honteux, tel que de prendre un chien pour femme, etc., etc. ; cela correspond à l'acte de sodomie (2). On condamnera à la peine imposée pour ce fait toute personne jugée pour avoir accompli un acte de cette sorte.

Art. 6.

On consultera les anciennes lois 21ᵉ et 22ᵉ, concernant les chiens qui dérobent les provisions, les cochons qui mangent des cochons, les chiens sauvages et les cochons armés de dé-

(1) *Mafera.*
(2) *Paia.*

teuses occasionnant des blessures ; — l'on se réglera sur *les prescriptions de* ces deux lois pour les chiens et les cochons qui en seront passibles.

XVIII.

CONCERNANT LE JOUR DU SABBAT ET L'ÉCOLE.

Loi concernant l'observance du sabbat et l'enseignement fait aux enfans de la parole véritable de Dieu et de toutes les bonnes pratiques.

Art. 1er.

Il est convenable que tous les hommes se rendent aux maisons de prières connues à Tahiti ; ceux qui ne se rendent point en ces demeures de Dieu sont de véritables païens et n'observent pas la parole véritable ; qu'en aucun cas, les hommes non atteints de maladie ne se montrent paresseux *à cet égard* et n'abandonnent la véritable maison de prières le jour du sabbat. — Il convient à la loi d'ordonner à tous les hommes l'observance du sabbat, parce que Dieu *est* le *seigneur-maître* de toute la terre, parce que *c'est* lui qui *nous* a donné toutes les choses qui en rendent la demeure bonne et parce que cela est son véritable désir : que sa parole soit soigneusement observée, ainsi que le jour du sabbat, afin que la terre soit sauvée par lui des mains de l'Ennemi.

Art. 2.

Si quelqu'un accomplit les travaux interdits par ces lois, durant le jour du sabbat, il aura commis une faute, devra être jugé et condamné à travailler 50 brasses de route pour la première fois ;—si *la personne coupable de ce fait* y persévère, on augmentera sa peine —Si l'on accomplit, durant le jour du sabbat, quelqu'un des actes répréhensibles pour lesquels les hommes sont mis en jugement et que l'on soit jugé, *le juge* devra infliger encore une *nouvelle* peine pour le fait d'avoir accompli, durant le jour du sabbat, ces actes répréhensibles, à cause desquels on aura subi un jugement. La peine infligée pour la non-observance du sabbat, sera une peine séparée : 50 brasses de travail pour la première fois ;—et, pour la seconde *fois que l'on aura* accompli *de pareils actes*, durant ce jour, cette peine sera de 70 brasses ; — et pour la troisième fois que le même homme se sera rendu coupable de pareils actes *le* jour du sabbat, on élevera sa peine jusqu'à 100 brasses de travail à cause de son obstination à ne point observer le jour du sabbat.

Art. 3.

Concernant les enfans. — Il est convenable que ceux qui mettent au monde et ceux qui nourrissent des enfans, les élèvent avec soin ; il est convenable que les enfans ne soient point retenus dans les maisons étrangères, qu'ils demeurent dans celle de leurs père et mère ou de leurs propres parens. L'individu qui tentera d'emmener et retiendra dans sa maison les enfans de personnes différentes, sans que cela lui ait été dit par les pères et mères véritables de ces enfans, cet individu aura, par ce fait, commis une faute. On jugera cet homme qui aura retenu les enfans de personnes étrangères en un *même* lieu, pour qu'ils s'y livrent à des pratiques turbulentes ;— on le condamnera à 50 brasses de travail.— Mais la réunion pour l'enseignement de la parole de Dieu est *une chose* convenable.

Art. 4.

Les pères et mères, et les autres personnes nourrissant des enfans, qui ne prendront pas le soin de conduire leurs enfans de leur maison à l'école, et ceux qui ne veilleront pas à ce que leurs enfans se rendent réellement à l'école pour apprendre à lire la parole de Dieu ainsi qu'à écrire, ces personnes seront en faute : elles seront jugées et condamnées à 50 brasses de travail *tel que de* défricher avec soin la route publique : le juge ordonnera, en outre, à ces personnes de conduire leurs enfans à l'école, et, si elles ne le font pas, elles seront jugées de nouveau et condamnées à 100 brasses de travail. — Si les parens font leurs efforts pour conduire leurs enfans à l'école et si ceux-ci ne s'y rendent pas, la faute sera du côté des enfans.

Art. 5.

Les enfans qui feront acte de paresse pendant quelques jours et ne se rendront pas à l'école, seront pris et y seront conduits par les officiers publics. Ceux qui enseignent chercheront quelques moyens de leur faire honte et de les encourager, afin qu'ils ne soient point paresseux pour se rendre à l'école.—Les enfans devront, *de leur côté*, prendre soin *de ne point y manquer*, afin que leurs parens n'aient pas à souffrir à cause de leur paresse; — qu'ils viennent régulièrement, telle est la chose convenable.

Art. 6.

Il est convenable que les hommes maintiennent leur demeure auprès de la ville afin que les enfans ne perdent pas trop de tems *en se rendant* à l'école ; les parens rémunéreront quelque peu les personnes qui instruisent véritablement leurs enfans.—Il est juste que *ces personnes reçoivent* quelques objets de la part de ces parens :—comme *quelques réaux*, quelques poules, quelques petits cochons, quelque peu d'huile ou d'étoffes : tels sont les objets qu'il convient *aux parens de donner* pour l'enseignement fait à leurs enfans.— Et lorsque ces objets seront remis, ils devront être divisés entre ceux qui enseignent réellement ; — les missionnaires verront quelles sont les personnes qui conviennent à cette œuvre de l'enseignement et les établiront *en fonctions*.

Art. 7.

L'homme qui suivra une voie différente dans sa conduite, et ne se montrera pas assidu à l'école des hommes âgés non plus qu'à celle des enfans, afin d'apprendre la parole véritable de Dieu et d'être sauvé, *cet homme* sera coupable ;—c'est là une faute dans cette ère du Messie.—Les hommes qui enseigneront les mauvaises paroles du tems ancien commettront une faute grave, et s'ils s'obstinent *à répandre ces paroles mauvaises*, ils seront jugés et condamnés à 50 brasses de travail. — Ceux qui persévèrent dans le mal sont une cause de ruine (1) pour ce gouvernement.

Art. 8.

La Bible, le livre observé dans le royaume de Pomare comme la parole véritable de Dieu, promulguée par les prophètes et les apôtres, et qui a été traduite en langue tahitienne sans aucune addition de paroles étrangères, doit être suivie, — d'après la parole même de Dieu, — afin que l'homme

(1) *Faatomo*, faire couler, noyer.

obtienne son salut. — Cette loi établit que *les paroles* de la Bible devront être observées par tous les hommes, comme base de la conduite vis-à-vis de Dieu dans toutes les terres de ce gouvernement.

Art. 9.

Si un homme élève des paroles contraires à *celles de* la Bible, il aura, *par ce fait*, produit le mal et fait naître le trouble dans le gouvernement de cette terre, — comme ceux qui ont été appelés *mamaia* (1) à cause de leur désaccord avec la Bible, parole véritable de Dieu. — Cela est une faute en cette loi ; et si ces paroles, non conformes *à la Bible véritable*, sont suivies *par d'autres personnes*, ces personnes auront également commis une faute ; et si le gouvernement de cette terre est troublé par ceux qui agissent ainsi, ils seront jugés et condamnés à 100 brasses de travail ; — et s'ils persévèrent encore, cela correspondra à un acte de rébellion contre le gouvernement, et la peine infligée devra être réglée ainsi qu'il est établi pour ce fait.

XIX.

CONCERNANT LE VOL D'OBJETS QUELCONQUES.

Loi concernant les objets volés ; l'effraction des maisons, et celle des caisses, meubles ou boîtes.

Art. 1er.

L'homme qui aura volé un cochon, lorsque le fait en sera bien connu, sera jugé et condamné à une amende de 15 cochons pour le cochon unique qui aura été volé : — 6 cochons seront remis au propriétaire du cochon volé, 5 à la reine, 3 au gouverneur et 1 au témoin par lequel on aura connu que ce cochon avait été volé. L'amende sera la même pour

---

(1) *Mamaia*, dénomination appliquée à une secte dissidente d'apparition moderne, — signifie proprement : *fruit de l'arbre à pain tombé avant maturité*.

tous les voleurs, deux, trois, quatre, ou n'importe quel nombre, qui auront participé au vol d'un cochon, — et toutes ces amendes seront partagées. — Ceux qui auront mangé de ce cochon volé, sachant positivement que c'était un cochon volé, seront également jugés et paieront une amende pareille à celle du voleur. Celui qui aura mangé de ce cochon sans savoir que ce fut un cochon volé, *celui-là* ne devra pas être jugé.

Art. 2.

L'homme qui ayant été condamné pour vol ne pourra se procurer 15 cochons pour payer son amende, devra compléter avec d'autres objets, tous objets valables, jusqu'à concurrence d'une valeur égale à *celle des* 15 cochons *imposés* ; — le cochon *a été désigné comme* l'objet à prendre *pour le paiement des amendes*. Si au lieu de cochons on paie en étoffes étrangères, on devra régler *les quantités de telle sorte que* 4 brasses d'étoffe représentent un cochon ; si c'est en argent, l'amende sera réglée de façon que 2 dollars seront *reçus* comme *l'équivalent d*'un cochon. — Lorsque l'amende imposée à l'homme qui aura volé un cochon sera entièrement payée en valeur monnoyée, elle devra être de 30 dollars, — dont 12 pour le propriétaire du cochon, 10 à la reine, 6 au gouverneur et 2 pour le témoin révélateur ; — si c'est le propriétaire lui-même qui ait fait connaître le vol, les 2 dollars adjugés au témoin lui seront également remis.

Si le cochon enlevé est un gros cochon, on exigera que les cochons payés en amende soient d'une grosseur pareille. — On ne devra point recevoir un objet de peu de valeur comme équivalent à un cochon. — On ne devra point non plus saisir la propriété des parens du coupable : — il doit rester à leur choix de venir ou non à l'aide du condamné ; — mais pour ce qui est des objets appartenant au voleur, ils devront être saisis s'il n'apporte pas le montant de son amende.

Art. 3.

Au juge véritable du district est confié le soin de veiller au paiement des amendes, d'en apprécier la qualité bonne ou mauvaise, l'achèvement ou le non-achèvement. — Que les iniiroa ne règlent et ne partagent point : — ils doivent simplement rassembler *les objets prescrits* et presser les personnes condamnées dans l'accomplissement de leurs peines. — Que,

Ils appelleront le juge de district pour qu'il vienne examiner les tâches et vérifier les amendes imposées, — afin d'en constater l'accomplissement exact ou imparfait. — Que, dans aucun cas, les juges de district ne reçoivent, pour unité de valeur (1), des cochons en mauvais état ou de mauvais objets, non équivalents à deux dollars. — Si un juge reçoit des objets défectueux ou mauvais, en paiement d'une amende, pour satisfaire la personne coupable, — il aura commis une faute : on lui retirera son office et son grade qui seront remis à un autre, fidèle observateur des lois.

Art. 4.

Que les imiroa ne saisissent point les propriétés des parens de l'homme condamné *à payer une amende ;* qu'ils ne leur parlent pas. — Eux-mêmes porteront leurs regards vers leur parent, et, sinon, n'importe. — Les injonctions des imiroa devront s'adresser à la personne condamnée elle-même, et leur saisie *devra s'effectuer sur des objets à elle appartenant* au cas où cette personne coupable n'accomplirait pas la peine qui lui aura été infligée. — Et si le voleur ne possède aucun objet *susceptible d'être pris en paiement* pour satisfaire à son amende, cette amende sera payée par un travail qu'on lui imposera, de telle nature qu'il représente une valeur égale à celle de 15 cochons de belle qualité. — C'est une bonne chose de convertir en travail l'amende imposée aux personnes pauvres, en se conformant toutefois à la valeur des cochons, *en plus ou moins grand nombre, selon qu'il aura été prescrit.*

Art. 5.

L'homme qui persévèrera dans le vol des objets appartenant à d'autres, — et qui aura commis deux ou trois vols, — devra, s'il est étranger *au lieu où ces vols auront été commis*, être renvoyé sur sa propre terre pour y demeurer. — L'homme originaire du lieu même (2), qui se montrera également obstiné à commettre le vol, subira, s'il tombe en récidive, une augmentation de peine de 50 brasses de travail ; — et, s'il commet 3 vols, 100 brasses de travail lui seront infligées. — Toutes les tâches de route devant être défrichées avec soin. — Et si cet homme persiste dans son obstination à commettre le vol, on augmentera proportionnelle-

---

(1) *No te taoa hoe*, pour un objet.
(2) *Taata tupu.*

ment sa peine jusqu'à 150 et 200 brasses pour *le punir* de son extrême obstination. — Il devra payer également, par chaque objet volé par lui, la valeur de 15 objets pareils.— Enfin les voleurs obstinés à prendre le bien d'autrui seront déportés sur l'île de Matea pour y être laissés.

Art. 6.

Concernant le vol des bestiaux (bœufs, taureaux ou vaches).—L'homme qui aura réellement volé un bœuf, lorsque le fait en sera connu, devra être jugé et condamné à payer 10 bœufs pareils au bœuf enlevé par lui. — C'est là l'amende *qui devra être imposée* à chaque voleur par chaque bœuf volé. — 5 bœufs seront remis au propriétaire de l'animal volé, 2 à la reine, 2 au gouverneur et 1 au témoin par lequel le vol de ce bœuf aura été dénoncé ; — et s'il n'y a point de témoin, si le vol est connu par le fait des imiroa, le bœuf adjugé au témoin révélateur leur appartiendra ; si c'est par le fait du propriétaire même, le bœuf adjugé au témoin lui sera également remis : *sa portion de l'amende s'élèvera* alors à six *bœufs*. Et si le voleur ne peut fournir *suffisamment* de bœufs, son amende devra être payée en cochons, en argent, en travail, et en toutes sortes d'objets de bonne qualité jusqu'à concurrence d'une valeur égale à celle de 10 bœufs, comptée d'après le prix du bœuf enlevé :—*de telle sorte que* 10 dollars *étant* la valeur du bœuf volé, l'amende à payer sera de 100 dollars. — Le juge de district veillera au paiement de cette amende. — Et l'amende étant de 100 dollars, 50 seront remis au propriétaire de l'animal volé, 20 à la reine, 20 au gouverneur et 10 au témoin révélateur ; s'il y a deux témoins, les 10 dollars adjugés au témoin leur appartiendront en commun.

Art. 7.

Concernant le vol avec effraction.—L'homme qui forcera et brisera la maison d'un autre, ou un meuble, une caisse ou une boite, appartenant à une autre personne, dans le but de voler, — sera, si le fait est connu, jugé et condamné à une amende de 20 dollars ; sinon de 10 cochons *qui seront remis* au propriétaire de la maison, du meuble ou de la caisse, boite, etc., brisés par le voleur ; il sera condamné, en outre, à 100 brasses de route pour la reine. — Le tout à cause de l'effraction.—Si des objets ont été enlevés,— on observera *la prescription qui commande de faire payer* 15 fois la valeur de chaque objet volé, — et l'on devra se conformer à la nature des objets en établissant la valeur plus ou moins grande qu'ils représentent. — Si un dollar a été dérobé, le vol de ce dollar sera racheté par une amende de 15 dollars ; — si c'est un autre objet *quelconque*, on exigera 15 objets pareils à celui dérobé.

Art. 8.

Si un homme vient pendant la nuit dans la maison d'un autre, y pénètre par effraction dans le but de voler, et si le propriétaire, ou la personne domiciliée dans la maison, se réveillant en sursaut, interroge le voleur (1), et que celui-ci ne lui réponde pas, — l'homme de la maison devra agir avec énergie. — Que le sang toutefois ne soit pas répandu ; — que le voleur coupable d'effraction soit saisi sans que le sang ait été versé : — voilà ce qui est bien. — Il est juste que l'homme de la maison défende sa propre personne. — Ceux qui sont venus dégrader la maison d'autrui ou maltraiter les personnes qui s'y trouvent ont été gravement coupables. — Si quelqu'un est blessé par l'habitant ou le propriétaire d'une maison, en dedans même de cette maison et tandis que celui-ci cherchait à se défendre lui-même ainsi que sa famille, — l'homme dont la maison aura été forcée ne devra pas être jugé : il ne sera point en faute ; le coupable sera le *voleur* qui aura pénétré dans sa maison ; — et si quelqu'un a été blessé par celui-ci, il sera condamné, *en outre*, conformément aux *prescriptions de* la 1re Loi et d'après l'article concernant sa faute.

Art. 9.

L'homme qui dérobera quelques fruits ou denrées alimentaires dans un enclos, sera jugé si le propriétaire de ces denrées le desire, et condamné, si les fruits ou denrées volés sont en petite quantité, à payer deux cochons ; sinon, en argent, 5 dollars *qui seront remis* au propriétaire de ces denrées : *il lui sera imposé*, en outre, un travail de 50 brasses pour la reine. — Telle est la peine *qui devra être infligée* à chaque voleur. — Si les voleurs sont nombreux, ils devront être tous condamnés d'une façon pareille ; — si les denrées dé-

---

(1) *Te vavahi fare*, le démolisseur de maison.

robées sont en quantité considérable, l'amende devra être augmentée de manière à ce que *les pertes éprouvées* soient complètement payées. — L'amende de 2 cochons sera laissée pour les vols de fruits ou denrées alimentaires en petite quantité et non pas en quantité considérable.

Art. 10.

Si l'objet volé est un objet de peu de valeur, l'amende sera réglée de manière à représenter 15 objets mesurés sur celui qui aura été dérobé.— Si, par exemple, c'est un couteau qui a été volé, 15 couteaux devront *être donnés* pour satisfaire à l'amende, et si ces 15 couteaux se peuvent acquérir en échange d'un cochon, l'amende pourra être payée *au moyen d'un cochon*.—Si l'objet volé est de bonne qualité et d'une certaine valeur, on se conformera à *la prescription qui impose une amende égale à* 15 objets *pareils à l'objet dérobé*,— ainsi *qu'il est prescrit* pour les cochons volés.

XX.

CONCERNANT LE DOMMAGE FAIT A LA PROPRIÉTÉ D'AUTRUI.

Loi concernant tous les bestiaux maltraités et les personnes qui se seront rendues coupables de mauvais traitemens envers les bestiaux, ou auront endommagé la propriété d'autrui.

Art. 1er.

Si quelqu'un monte le cheval d'un autre sans que le propriétaire le sache, et si le fait est ultérieurement connu,— on jugera l'homme qui aura monté ce cheval et on le condamnera à payer 20 dollars au propriétaire et à travailler 50 brasses de route.—Cette peine *s'applique au cas* où l'animal n'aurait éprouvé ni dommages ni blessures par suite de cette course.

Art. 2.

Si quelqu'un monte le cheval d'un autre sans que le propriétaire en ait connaissance, si le cheval est blessé et qu'il meure, on jugera l'homme qui aura monté ce cheval quoique sachant que ce n'était pas le sien; on le condamnera à payer 100 dollars pour *en* racheter *la valeur* et il accomplira en outre, pour la peine, 100 brasses de travail.—Si l'animal est seulement blessé et qu'il guérisse, les officiers publics régleront la somme à payer suivant l'importance de ses blessures. On observera toujours, en outre, *la prescription antérieure qui impose une amende de* 20 dollars *au profit du propriétaire* ainsi qu'une tâche de travail, pour avoir usé, sans autorisation (1), du cheval d'un autre.

Si quelqu'un loue un cheval, il peut alors en faire usage ; et si ce cheval est blessé par suite de mauvais traitemens, la somme à payer en dédommagement devra être réglée d'après la nature des blessures, ainsi occasionnées ; *mais* s'il est blessé par accident, sans la participation de *la personne qui l'aura loué* et tandis qu'elle s'en servait d'une manière convenable, — ces blessures ne seront point rachetées par l'homme qui aura loué ce cheval.

Art. 3.

Si des bestiaux sont tués par quelqu'un sans qu'il y ait eu aucun tort du côté de ces bestiaux, on jugera la personne qui les aura tués et on la condamnera à une amende telle que *les animaux* soient complètement rachetés : la somme à payer sera réglée, forte ou faible, sur *la valeur de* l'animal tué sans motifs ; on imposera, *en outre*, au coupable, pour la peine, un travail de 100 brasses de route ou tout autre travail proportionné et de nature à contribuer à l'embellissement de cette terre.

Art. 4.

Si des bestiaux, tels que chevaux, bœufs, vaches, taureaux et autres animaux de valeur, sont blessés par quelqu'un, sans qu'ils aient pénétré dans les enclos bien fermés et de telles dimensions que la loi le prescrit ; si ces bestiaux, seulement blessés, ne meurent point et guérissent, ceux qui les auront blessés seront jugés et condamnés à payer 20 dollars à leur propriétaire ; il leur sera infligé, en outre, 100 brasses de travail pour le fait d'avoir blessé des animaux qui n'étaient pas à l'intérieur d'un enclos.

Art. 5.

Si quelqu'un excite ou tourmente le cheval d'autrui tandis qu'il est monté, et que, par suite de ce fait, la personne mon-

---

(1) *No te horo eia rau*, pour la course, vol.

tant ce cheval soit blessée, — on jugera celui qui aura agi de la sorte, et on le condamnera à payer 20 dollars à la personne blessée et à défricher 100 brasses de route pour la reine. — Si les blessures sont graves et ne se guérissent pas promptement, l'homme qui aura tourmenté ce cheval devra payer également le temps de la personne blessée jusqu'à parfaite guérison. — Le juge réglera la valeur à payer pour le tems de maladie, soit un dollar par jour, ou un demi-dollar. — Si la personne blessée ne travaille pas *ordinairement* lorsqu'elle est en bonne santé, la somme à payer pourra être réglée à deux réaux (1) par jour. *Celui qui aura causé l'accident* paiera encore les frais de médecin et les remèdes s'il y a lieu d'en employer.

Art. 6.

Si un cheval a été réellement volé et tout-à-fait perdu par suite de vol, et que l'on vienne à connaître le voleur, on le jugera et on le condamnera à *fournir* 10 chevaux pareils à celui qu'il aura enlevé ; — tel est le prix que le voleur devra donner comme amende. — Et s'il n'a point de chevaux à donner, on réglera sa peine en travail ou valeurs, de telle façon que *le prix des* 10 chevaux soit réellement représenté. — Ils seront ainsi repartis : 5 au propriétaire du cheval volé, 3 (2) à la reine, 2 au gouverneur et 1 au dénonciateur.

Art. 7.

Toute personne qui maltraitera quelqu'un des animaux compris dans les dispositions de la présente loi, soit en les blessant sans motifs au moyen d'armes tranchantes, soit en les transperçant, soit en usant de tout autre moyen, tel qu'il en résulte un dommage ou des blessures pour ces bestiaux, en dedans d'un enclos *ou autre part*, cette personne sera jugée et condamnée à *payer* 10 dollars pour les blessures dont l'animal aura pu être guéri ; — et si les blessures sont graves et que l'animal n'en puisse pas guérir, on se conformera aux prescriptions de l'article *de cette loi* concernant les bestiaux

---

(1) *Tuata.*

(2) Le texte présente sans doute ici une erreur de chiffre : — c'est probablement 2 qu'on aura voulu dire : la somme totale des parts, telles qu'elles sont écrites, dépasse le nombre de chevaux fixé par la loi.

mes *avec mauvaise intention*, pour régler cette amende. — Cette amende de 10 dollars sera remise au propriétaire des animaux *maltraités ; le coupable accomplira, en outre*, pour la reine, un travail de 100 brasses de route pour l'embellissement de cette terre. — Toutes les tâches de travail imposées *par la loi* devront être de nature à contribuer à l'amélioration des routes ainsi qu'à l'embellissement des villes, — non point à racheter les objets ou les valeurs appartenant à un seul homme.

XXI.

CONCERNANT LES IMPOSITIONS (1) ANNUELLES.

Loi établissant la règle à suivre pour le paiement des objets remis annuellement à la reine, aux gouverneurs et aux tatoaï (2).

Art. 1er.

Les impositions annuelles doivent être payées à trois sortes de personnes (3) ; les valeurs à donner à ces personnes sont de quatre espèces différentes. On devra observer exactement l'*achèvement de* l'année pour apporter *ces objets* : — 12 mois sont une année. — Depuis un mois de mars jusqu'au suivant mois de mars, c'est là une année : il doit y avoir une levée d'impots. — Les valeurs monnoyées, l'étoffe, l'huile et les cochons sont les objets *qui, suivant* l'année, formeront la nature de l'*impôt*.

Art. 2.

On observera, dans le paiement *de l'impôt*, *la nature* de l'objet *prescrit* suivant l'année. On commencera par l'argent :

---

(1) *Taoa matahiti* (objets année), valeurs *remises* annuellement.

(2) Chefs sous le gouverneur.

(3) *Traduction littérale* : « Trois seigneurs des objets annuels, lorsqu'ils sont apportés dans ce gouvernement. »

tous les hommes devront, dans l'année *où l'impôt sera perçu en* argent, se conformer *à la nature de l'impôt prescrit pour cette année* et apporter *de l'argent*. Le mari et la femme *paieront*, à eux deux, un tuata (1) à la reine, un tuata au gouverneur et un tuata à leur iatoai; c'est là tout ce qu'ils auront à donner dans cette année. — Un garçon adulte, arrivé à sa 14e année, pouvant atteindre à la branche pour la briser (2), et sa sœur, également adulte, *paieront* un tuata pour eux deux à la reine, un tuata au gouverneur et un tuata au iatoai. — Les hommes faibles, malades ou blessés, et les personnes très âgées, ne *seront* point *tenus à payer l'impôt;* les femmes veuves, faibles, sans parens et n'ayant point d'enfant adulte ne *seront* pas *soumises à l'impôt*, si ce n'est dans l'année *où l'impôt se paiera en* étoffe : elles devront alors battre l'*écorce* pour en confectionner. — Les veuves jeunes, douées de force et d'une bonne santé, ayant un enfant adulte, seront comprises dans l'imposition, et la veuve jeune et forte, n'ayant pas d'enfant adulte, paiera un réal à la reine, un réal au gouverneur et un réal au iatoai. — Son impot *sera seulement de* 3 réaux parce que son ami est mort. — Si elle s'unit de nouveau à un homme, elle se conformera à l'impôt prescrit pour le mari et la femme.

Art. 3.

Les hommes devront également *dans* l'année *où l'impôt se paiera en* étoffe y satisfaire avec soin. — Lorsque *les branches* (3) seront brisées. — Le mari et la femme *en fourniront, à eux deux*, 20 pour la reine, 20 pour le gouverneur et 20 également pour *l'impôt d'*étoffe remis au iatoai. — Et durant le temps où *l'écorce* sera battue, les chefs subalternes ou propriétaires (4) ne devront pas rassembler des féis en quantité considérable, ni cuire des cochons, non plus qu'accomplir tout autre acte susceptible de produire le trouble parmi les fem-

---

(1) Deux réaux.

(2) Les jeunes branches d'arbre à pain servent à la confection de l'étoffe indigène et forment une portion de l'impot. — Les jeunes garçons deviennent passibles de l'impôt dès qu'ils peuvent atteindre et briser ces branches.

(3) Les jeunes branches d'arbre à pain dont l'écorce sert à confectionner des étoffes.

(4) *Hui Raatira.*

mes occupées à battre l'étoffe : le mari devra préparer la nourriture de sa propre femme; les hommes non mariés fourniront à celle des femmes qui battront *l'écorce pour confectionner* leur part d'étoffe; — et il en sera ainsi jusqu'à l'achèvement de ces étoffes. — Lorsqu'elles seront achevées, on remettra à la reine la sienne, au gouverneur la sienne et au iatoai la sienne, — et ce sera tout pour l'impôt de cette année.

Art. 4.

Dans l'année *où l'impôt se paiera en* huile, tous les hommes devront également y satisfaire avec soin. On dressera 3 pressoirs (1) dans chaque district, et chaque personne apportera trois paniers de noix de cocos.—Que ce ne soit point de tous petits paniers. — L'un des paniers *sera vidé* dans le pressoir de la reine, un autre dans le pressoir du gouverneur et le troisième dans celui du iatoai. —Chacun se procurera les bambous *nécessaires* pour recevoir son huile et porter à la reine le sien, au gouverneur le sien et au iatoai le sien. – Les pressoirs seront élevés à la maison du iatoai.

Art. 5.

Dans l'année où l'impôt se paiera en cochons, les hommes devront tous y satisfaire avec soin;—qu'ils n'y mettent point de négligence. — Dans cette année seulement seront amenés les cochons de la reine, ceux du gouverneur et ceux du iatoai.—Que l'on ne conduise point, toutes les années, les cochons *de l'impôt* annuel. — Que, dans aucun cas, ceux qui les nourrissent ne fassent cuire, pour leur propre usage, des cochons destinés à l'impôt.—Cela est une faute.—Le district achètera des truies (2) pleines, *au nombre de* trois; elles seront conduites chez le iatoai pour y rester ;—et, lorsqu'elles auront mis bas, tous les *hui raatira* (3) prendront les jeunes femelles et les nourriront chez eux pour servir réellement *à* l'impôt annuel. — Les *cochons provenant* de la truie de la reine seront remis à la reine lorsque viendra l'année *où*

---

(1) *Umete*, vase de bois creusé semblable à celui dans lequel se fait la *popoi* et portant le même nom, mais de plus grandes dimensions.

(2) *Maiaa*, femelle ayant eu des petits.

(3) Petits chefs, propriétaires ou hommes influens.

l'impôt se paiera en cochons ; ceux provenant de la truie du gouverneur *appartiendront* exclusivement au gouverneur ; ceux enfin qui proviendront de la truie du iatoai appartiendront au iatoai. On devra observer exactement l'année où l'impôt se paiera en cochons pour les conduire à ces trois personnes ayant droit à l'impôt (1).

Art. 6.

Règle à suivre pour le paiement de ces impôts annuels.

1° *Les Gouverneurs.* — Les Gouverneurs paieront l'impôt à la reine. — Dans l'année où l'impôt se paiera en argent, un dollar sera l'impôt du gouverneur à la reine ; dans l'année où l'impôt se paiera en étoffe, quatre-vingts branches devront être rompues par le gouverneur ; dans l'année où l'impôt se paiera en huile, le gouverneur fournira quatre paniers de noix de cocos.

A la reine seulement les gouverneurs paieront impôt. — Ils devront également nourrir les cochons destinés à la reine pour l'impôt annuel.

2° *Les Iatoai.* — Les iatoai paieront l'impôt à la reine et au gouverneur. — Dans l'année de l'argent, un demi-dollar sera l'impôt que les iatoai paieront à la reine, et un demi-dollar sera l'impôt que les iatoai paieront au gouverneur. — Dans leur propre district, dans le district même où ils tiennent le rang de iatoai, les iatoai devront confectionner l'étoffe et l'huile, et nourrir les cochons *de l'impôt* pour les remettre à la reine et au gouverneur, ainsi que tous les hommes. — Les objets de redevance ou d'impôt dus au iatoai, lui seront fournis par les hommes qui sont à sa suite et dépendent de lui.

3° Lorsqu'un homme, au lieu de sa véritable demeure, aura, dans une année, payé sa redevance à la reine au gouverneur et au iatoai, ce sera tout. — Que les hommes de deux côtés (2), ayant une quantité considérable de terres, ne pensent point devoir se rendre de nouveau sur une autre terre pour y satisfaire à l'impôt ; — s'ils desirent partager entre leurs parens quelque autre terre pour qu'ils y paient l'impôt, c'est une chose convenable qu'ils agissent ainsi.

---

(1) *Traduction littérale* : « A ces seigneurs des objets du « gouvernement, tous trois. »

(2) *Par piti.*

4° Voici quels sont les iatoai auxquels les redevances de l'impôt annuel doivent être payées : — ce sont ceux qui, depuis l'ère de l'idolâtrie jusqu'à ce jour, ont reçu des redevances de fruits et provisions alimentaires sans qu'il y ait eu interruption dans l'exercice de ce droit. — Non point les iatoai de récente création, nommés dans les lois actuelles, et dont les redevances en fruits et provisions ne datent que de cette époque. — Que l'impôt ne soit point payé à ces derniers. — Les *objets de redevance* donnés au iatoai vér table, devront être fournis par les hommes qui dépendent de lui et sont à sa suite. — Les hommes de tous les districts placés sous les ordres d'un même gouverneur, paieront, à ce gouverneur, l'impot qui lui est dû. — L'impôt dû à la reine viendra de tous les lieux, tout autour de son royaume ; toutes les terres rangées sous sa domination apporteront les objets de redevances qui lui sont attribués. — Le iatoai qui n'aura plus aucun homme à sa suite ne recevra point de redevance annuelle ; il s'acquittera de sa part de contribution ainsi que tous les autres hommes, envers la reine et le gouverneur, mais il n'aura rien à payer à un autre iatoai.

7° (1) Le district établira un personnage gradé pour veiller à la prompte exécution des charges de l'impot annuel, et pour écrire les noms de ceux qui auront payé leurs redevances ainsi que les noms de ceux qui n'y auront pas satisfait, — afin que tout se fasse avec ordre et que tous les hommes accomplissent réellement leur part de redevances annuelles. — La loi veillera ceux qui n'y auront point satisfait ; ils seront jugés et condamnés à une amende de 3 cochons, *dont* 1 sera remis à la reine, 1 au gouverneur et 1 au iatoai. — Cette amende est *infligée* à cause de la faute commise ; *les délinquans* devront fournir, en outre, les objets formant la contribution de cette année.

8° Cette loi des redevances annuelles envers la reine, les gouverneurs et les iatoai, interdit tous les actes susceptibles de produire le trouble, *comme jadis* dans les réunions de districts entiers apportant ensemble des fruits et des provisions pour les grands repas donnés aux étrangers. — Que la reine, en pareil cas, ne commande pas d'apporter encore des provisions ; que les gouverneurs n'en commandent point, non plus que les iatoai, par la raison que les objets qui leur sont at-

(1) Les numéros 5 et 6 ont été omis dans le texte, au numérotage des articles ; nous passons de l'art. 4 à l'art. 7.

tribués dans les contributions du gouvernement leur ont été remis. — Quant aux provisions que les chefs subalternes et propriétaires (hui raatira) voudront donner eux-mêmes, en témoignage de déférence et de bonne amitié, cela reste à leur disposition. — Que pourtant ils n'accomplissent point ces présens d'une façon orgueilleuse et dans le but de faire un grand étalage ; qu'ils en fassent le transport sans aucun désordre et dans de petits paniers : — voilà ce qui est convenable. — Qu'on ne fasse pas usage de larges plateformes ni de lourdes caisses, entraînant avec elles les danses turbulentes durant le transport des provisions : — cela est interdit

9° Si quelqu'un forme le dessein d'accomplir réellement ces actes susceptibles de produire le trouble, actuellement interdits et ne devant pas se renouveler sur cette terre, — ces actes qui s'accordent avec les pratiques de l'idolâtrie, — lorsque l'on aura connaissance d'un tel projet, on avertira la personne qui l'aura formé de ne point produire de pareils actes ; et, si elle renonce à son projet, cela n'aura pas de suite. — Mais si cet homme s'obstine et s'il fait naître l'une de ces choses pour lesquelles il aura reçu un avertissement, on le jugera et on le condamnera à exécuter un travail de 100 brasses. — Si c'est un homme remplissant un office public, on lui retirera son office et son grade ; si c'est un homme ayant un gouvernement, on le privera de son gouvernement, pour avoir produit des actes répréhensibles interdits par la loi.

10° Lorsque des travaux publics, d'une nature quelconque, auront été résolus et ordonnés par le gouverneur et les chefs, les hommes ayant droit de propriété sur une terre ne devront point se montrer paresseux. — Ceux qui possèdent différentes terres ne seront pas tenus d'accomplir ce travail dans toutes les terres sur lesquelles ils auront des droits : — lorsqu'ils s'en seront acquittés sur une terre, ce sera suffisant. — Les hommes qui n'accompliront en rien leur part du travail public exécuté, — si ce sont des hommes forts et en bonne santé, — seront jugés et condamnés à 50 brasses de travail. — A la seconde fois qu'un homme sera jugé pour le fait de négligence et de paresse dans l'accomplissement des travaux ordonnés pour le bien public, on lui retirera la terre sur laquelle ce travail n'aura pas été accompli et on la remettra à quelqu'un de ses parens qui s'acquittera exactement du travail ordonné par les chefs sur cette terre. — Et s'il ne reste aucune personne de la famille de cet homme négligent et paresseux, sa terre sera remise entre les mains de la reine et du gouverneur pour y demeurer ; et si cet homme revient plus tard, animé de zèle, accomplir les travaux prescrits par les lois de cette terre, alors sa terre lui sera rendue. — Que les chefs et propriétaires (hui-raatira) ne se moquent point des petits travaux des missionnaires demeurant au milieu d'eux, de leur propre consentement. — Les missionnaires séjournent parmi eux pour enseigner aux chefs, ainsi qu'à tous les hommes, les paroles véritables de l'Evangile afin qu'ils soient sauvés; c'est pourquoi il est juste et convenable que les missionnaires soient bien traités par tous les hommes, il est juste qu'ils reçoivent également des fruits et des provisions. — Qu'on ne trompe point leur attente (1) à cet égard ; — qu'on leur apporte des provisions, afin d'agir d'une manière conforme à l'affection et à la compassion véritables, ainsi qu'à la conduite que doivent tenir ceux qui reçoivent bénéfice par les travaux des missionnaires au milieu d'eux.

XXII.

DE LA RÉTRIBUTION DES OFFICIERS PUBLICS.

Loi concernant la rétribution des officiers publics dans l'observance de ce Code.

Art. 1er.

La reine devra rétribuer les Sept Grands Juges en valeurs ou objets dont la nature se réglera, suivant l'année, *ainsi qu'il suit :* — 10 dollars dans l'année *de l'*argent, 20 brasses d'étoffe dans l'année *de l'*étoffe, 30 bambous d'huile dans l'année *de l'*huile et 4 cochons dans l'année des cochons; ceci est la rétribution que recevra chaque Grand Juge. — Tous seront rétribués de même. — C'est là tout ce que recevra un Grand Juge ; — ces valeurs lui seront données par la reine.

---

(1) *Eiaha ia faatii hia*, qu'ils ne soient point déçus, désappointés et privés.

Art. 2.

La reine et tous les gouverneurs rétribueront les juges de district; la nature de la rétribution sera réglée suivant l'année.—Lorsqu'il y aura deux juges dans le même district, la reine paiera l'un *d'eux* et le gouverneur l'autre. — *Leur rétribution est ainsi fixée :* dans l'année *de l'*argent, 6 dollars pour chaque juge; — dans l'année *de l'*étoffe, 10 brasses pour chaque juge; — dans l'année *de l'*huile, 10 bambous pour chaque juge; — et dans l'année des cochons, 2 cochons pour chaque juge. — C'est là tout ce que recevront les juges de district en raison de leur office en ces présentes lois.

Art. 3.

Quant aux valeurs provenant des amendes imposées par la loi, lorsque des personnes coupables sont condamnées, — celles attribuées à la reine et celles du gouverneur,—on devra remettre la portion de la reine à la personne désignée par elle pour les recevoir en dépôt.—Que ce ne soit pas aux juges de districts : ils seraient accusés par les imiroa de détourner une portion des amendes, de manière qu'elles ne seraient plus complètes pour être partagées entre tous.

Les valeurs *adjugées* au gouverneur devront être remises en ses propres mains ; et la reine et le gouverneur penseront à la portion qui revient aux imiroa.— La part de la reine et celle du gouverneur devront être séparées en bonne forme, lorsque *le produit des amendes* aura été complètement réuni. — Qu'aucun officier public ne s'empare illégitimement, ou ne marque pour lui même, des valeurs ou objets *provenant des* amendes ; on devra laisser ces valeurs en dépôt au lieu où elles doivent être gardées, jusqu'au moment du partage, afin qu'il y soit convenablement procédé.

Art. 4.

Concernant les vea (messagers officiels). — On devra donner également quelques objets en paiement aux messagers qui sont envoyés en tous les lieux ; *la nature de ces objets* devra se régler suivant l'année. — La reine rétribuera ses messagers dans tous les lieux ; les gouverneurs rétribueront également, lors du partage des valeurs, les messagers qui auront été envoyés par eux.

XXIII.

DE LA NOMINATION AUX DIGNITÉS, GRADES ET EMPLOIS OFFICIELS, ET DE LA CONDUITE QUE DEVRONT SUIVRE, DANS L'ACCOMPLISSEMENT DE LEURS FONCTIONS, LES PERSONNES APPELÉES A REMPLIR UN OFFICE PUBLIC.

Loi concernant les formes qui devront être suivies par les juges. — On conservera les anciennes lois 34 et 35, concernant les imiroa, au nombre de 6, qui devront être choisis pour le jugement lorsque des crimes ou délits graves devront être jugés, — et les formes que devront suivre les juges, lorsqu'ils auront à juger quelqu'un. — La nature de ces lois convient ; — elles ne sont point défectueuses.

Art. 1er.

Les Grands Juges (Toohitu) seront nommés par la reine. —Les Juges de district seront nommés par la reine et les grands juges. — Les Imiroa seront nommés par les grands juges, les gouverneurs et les juges de district; — *ils seront nommés à* l'effet de rechercher tous les actes répréhensibles et les méfaits qui s'élèveront sur cette terre. —Tel sera leur travail.—Ils devront être tous hommes d'une bonne conduite dans l'accomplissement de ces fonctions. — Que ceux qui n'auront point reçu de mandat (1) et ceux qui ne s'acquitteront point de leur devoir ne soient point admis à recevoir une part lors du partage : —les imiroa doivent être des hommes actifs dans la recherche des délits et des coupables.

Ceux qui seront entrés dans ce corps d'officiers publics,— et qui n'auront pas agi avec zèle dans la recherche des actes répréhensibles et délits, afin de les faire connaître au juge, —et ceux qui n'ayant pas rempli ces fonctions pendant un temps assez long les abandonneront,—ceux-là ne devront recevoir aucune portion lorsque les valeurs *attribuées* aux imiroa seront partagées ; — ils devront en être privés.

---

(1) *Feia oua noa*, personnes sautant (dans le grade) sans ordre ou sans nomination, — usurpant des fonctions qui ne leur sont point attribuées.

Art. 2.

Les juges de district qui auront été nommés à cet office sur leur propre terre, s'ils se rendent sur une terre différente pour y demeurer, ne devront point penser emporter leur office de juge avec eux sur la terre où ils se rendront. — Qu'un juge ne s'établisse point de manière à élever à trois ou quatre le nombre de juges du même district; — c'est là une chose interdite (1) par les présentes lois. — Que l'on se conforme au nombre de deux *juges* par district, ainsi que la loi l'établit, et ces deux juges seront les seuls qui puissent juger.

Art. 3.

Que les juges de districts ne jugent point précipitamment, en imposant à la légère les amendes et les peines sur le chemin public, ainsi qu'on lance une pierre, sans observer les formes régulières; — que l'on apporte, au contraire, le plus grand soin à rendre les jugemens dans toutes les formes prescrites.

Tous les jugemens devront être rendus dans le lieu désigné *à cet effet*, auprès de la demeure du gouverneur; — c'est là que les hommes devront être jugés, non pas en un lieu et en un autre. — Que les juges ne se rendent point coupables en imposant, dans leurs jugemens, des peines d'une extrême faiblesse et sans aucune valeur. — Qu'ils n'augmentent point non plus les amendes et les peines, et qu'ils observent avec soin, dans la mesure des travaux qu'ils auront à imposer, la quantité suffisante pour satisfaire aux exigences de la loi. — Toutes les tâches de route devront être défrichées avec soin, afin qu'elles soient complètement accomplies. — Le juge qui n'observera point les prescriptions de la loi dans ses condamnations, aura commis une faute. — On réprimandera ce juge en premier lieu; — et s'il continue à ne point suivre les lois dans la nature des peines qu'il infligera aux personnes jugées, — on lui retirera son office. — Tout travail susceptible de contribuer à l'embellissement et à l'amélioration de la terre pourra être imposé *par les juges*. — Que, dans aucun cas, ils n'imposent aux personnes

(1) *Tia ore*, hors de droit.

coupables des travaux destinés à l'avantage d'un seul individu (1).

Art. 4.

Que les travaux imposés par le juge ne soient point transformés à l'avantage d'un individu (2) sans que cela ait été réellement réglé par les personnes *conduisant le* gouvernement de cette terre. — Tous les travaux qui pourront contribuer à l'amélioration de la terre, tels sont ceux qu'il est convenable d'imposer *aux personnes coupables.* — Ces tâches de travail, ainsi imposées *en jugement*, ne sont point destinées au paiement de valeurs ou de propriétés, — et n'ont pas été établies pour l'avantage d'une seule personne ; mais, au contraire, pour le bien de la demeure de tous les hommes.

XXIV.

CONCERNANT LES PÊCHEURS.

Art. 1er.

Cette loi annule la législation établie pour tous les pêcheurs, — parce que c'est une législation partiale (3) dont tous les hommes ne supportent point également les charges, et qu'elle ne concerne que les pêcheurs, — et, par cette raison encore, que ceux-ci sont également compris dans la loi des impositions annuelles.

Art. 2.

Que les personnes puissantes ou toutes autres ne pensent point pouvoir s'emparer librement du poisson pris par les pêcheurs, lorsqu'ils reviennent à terre, — parce que la loi des pêcheurs a été annulée ; — qu'il n'en soit point ainsi. — Si *quelqu'un* desire demander *du poisson*, cela est à sa dis-

---

(1) *Ei hoo taoa no te taata hoe*, comme paiement de valeurs pour un seul homme.

(2) *Ei taoa na te taata hoe*, comme propriété d'une seule personne.

(3) *Pae hoe*, n'ayant qu'un seul côté.

position, et il est aussi à la disposition du pêcheur d'en donner ou de n'en pas donner. — On ne devra point lui en avoir de rancune.

Art. 3.

Que les pêcheurs n'agissent point avec orgueil parce que la loi qui les concernait a été abrogée : — ils ont été pris en pitié. — Qu'ils n'agissent point mal à l'égard de la reine, des gouverneurs, des iatoai et de leur missionnaire véritable ; qu'ils se souviennent bien qu'ils doivent s'arranger, en paroles, avec les propriétaires des trous, avec ceux des lacs et ceux des passes : — tous ces lieux ont des propriétaires, — et c'est au propriétaire qu'appartient la parole concernant ses biens. — Que leurs missionnaires véritables ne soient point oubliés par les pêcheurs.

XXV.

CONCERNANT LES TRAVAUX DES OFFICIERS PUBLICS POUR RÉGLER LES DETTES NON PAYÉES.

Loi concernant les dettes non payées qui seront soumises à l'examen (1) des officiers publics de Tahiti et Moorea.

Art. 1er.

Les dettes non payées qui auront été contractées sur quelque terre différente ne devront pas être jugées par les officiers publics de Tahiti. — On devra reporter ces dettes au lieu où elles ont été contractées pour qu'on en décide en ce lieu, — ou bien les soumettre au consul du pays auquel appartient l'homme dont la dette n'est point payée, afin qu'il règle la question.

Art. 2.

Les officiers publics de Tahiti jugeront toutes les questions de dettes contractées dans ce gouvernement, lorsqu'ils en seront requis par le créancier.

Ce travail sera accompli par un grand juge, un juge de district *agissant* en qualité d'orateur, et six hommes ins-

---

(1) *Ohipa hia te feia toroa*, qui seront travaillées par les officiers publics, dont les officiers publics auront à s'occuper.

truits et de bonne conduite (1), choisis pour *remplir les fonctions d'*imiroa.—Si le cas sur lequel les juges auront à statuer concerne des étrangers, on devra prendre une partie des personnes choisies comme imiroa parmi les étrangers. —Il convient que les hommes choisis pour agir en qualité d'imiroa soient pris parmi ceux qui tiennent une bonne conduite. Que les hommes choisis par le juge n'abandonnent point, sans raison, leur nomination d'imiroa.—S'ils ont une raison convenable pour refuser ces fonctions, ils devront la faire connaître au juge, afin qu'il en apprécie la validité ou l'insuffisance ; qu'il dispense de siéger en qualité d'imiroa dans cette affaire, celui qui aura fourni des motifs suffisans, et qu'il choisisse quelque autre personne pour remplir ces fonctions. — Les personnes choisies pour servir d'imiroa seront nommées avec la recommandation de se conformer à la vérité. — On recommandera également aux témoins de ne point s'écarter de la vérité lorsqu'ils seront interrogés, parce qu'ils parlent en présence de Dieu et que Dieu les voit.

Art. 3.

Lorsque ces officiers publics dont il vient d'être question, auront entrepris cette affaire, ils devront la mener à bonne fin ; et, lorsque la dette *non acquittée* aura été recouvrée par leurs soins, les deux personnes qui auront donné lieu au jugement, le créancier et le débiteur (2), devront leur remettre chacun 10 dollars.—Le créancier donnera *cet argent* aux officiers publics pour les avoir requis,—et le débiteur à cause de la faute commise par lui en détournant les objets ou valeurs d'un autre, à lui réellement prêtés.— Ces 20 dollars seront remis aux personnes qui auront réglé cette affaire :— 4 dollars au grand juge, 4 dollars pour le juge de district nommé orateur, — et 2 dollars seulement pour chacun des six imiroa qui auront été choisis.

Art. 4.

Les petites dettes contractées depuis longtems et restant en retard ne donneront pas lieu à jugement.—Si le créancier desire requérir un officier public, afin que celui-ci s'emploie à recouvrer cette dette restée en retard sans être payée, il

(1) *Taata maitatai.*
(2) *Aitarahu*, personne insolvable, mange-prêt.

pourra le faire; — et lorsque cette dette aura été recouvrée par les soins de l'officier public requis, — le créancier devra payer à cet officier une légère valeur. — Si la dette est de 100 dollars, — il devra payer 2 dollars ; — si *la dette recouvrée* s'élève à 200 dollars, le créancier paiera 4 dollars à celui qui en aura obtenu le paiement ; — si elle monte à 300, ce sera 6 dollars ; — pour 400, ce sera 8 dollars ; et 10 dollars pour 500, — qui devront être donnés à celui qui se sera employé à recouvrer des dettes arriérées. — Si la dette est audessus des valeurs ci-indiquées, on se conformera pour le paiement de l'officier public à la proportion de 2 dollars par 100 dollars recouvrés par ses soins.

XXVI.

CONCERNANT LES JUGEMENS POUR LES TERRES CONTESTÉES.

Loi concernant la forme des jugemens des Toohitu, lorsqu'ils auront à régler les questions de terres contestées par deux propriétaires.

Art. 1er.

Si c'est une terre entière qui se trouve en litige, et si les propriétaires ne peuvent décider *la question*, ils appelleront les officiers publics : et le juge de district, de concert avec les imiroa, s'occupera de régler cette affaire. — Et si, après qu'ils l'auront terminée, l'un des propriétaires n'est point satisfait et en appelle aux Sept, afin qu'ils reprennent de nouveau *le jugement concernant* cette terre, — ce propriétaire, qui desirera en appeler, devra se rendre auprès de chacun des Sept, afin de leur faire savoir qu'ils aient à venir pour décider de nouveau à l'égard de cette terre sur laquelle le juge de district aura déjà statué ; — et celui des Sept qui ne se rendra point à ce nouveau jugement rendu par les Grands Juges, ne devra point satisfaire au desir des personnes intéressées, si elles veulent en appeler de nouveau auprès de lui. — Il n'y aura qu'un appel aux Grands Juges ; — et le jugement prononcé par ceux des Grands Juges qui se seront rendus à l'appel qu'on leur aura fait comptera pour eux tous, — *comme si les Sept étaient tous venus* : — l'abri *que cherchaient les con-*

testans ayant été obtenu par eux dans ce jugement des Sept. — Il devra y avoir au moins deux ou trois Toohitu pour le réglement de ces terres en litige : — qu'un seul grand juge ne décide point. — Et, dans les cas obscurs (1), ils ne devront point se hâter de terminer ; *ils devront, au contraire*, laisser écouler quelques mois, et formuler leur décision d'après *les droits reconnus des* ancêtres. — Que les Sept ne se hâtent point d'accorder *gain de cause* aux personnes instruites et habiles à parler, au préjudice de ceux qui seront ignorans de leurs aïeux, — leurs ancêtres *ayant été peut-être* les véritables *propriétaires*, sans qu'ils le sachent actuellement ; — on devra tarder quelque tems et chercher avec soin *tous les renseignemens nécessaires*.

Art. 2.

Si des limites de terrains sont contestées, — que les officiers publics ne se hâtent point de terminer *la question* ; — qu'ils cherchent avec soin : — il est un grand nombre de causes qui peuvent induire en erreur à l'égard des limites de terrains. — Ils devront, autant que possible, résoudre l'*affaire* de façon que les deux propriétaires soient également satisfaits. — Que les faux témoins ne soient point admis, — et que les chefs et les personnes influentes (2) ne soutiennent point l'une des parties avec l'intention de dépouiller l'autre. — Si le district agit ainsi, il aura renversé la vérité ; — on jugera ceux qui renverseront la vérité en connaissance de cause, et ils seront condamnés à 50 brasses de travail pour la première fois. — Que l'on n'admette point comme témoin, dans les questions de terres, ceux qui *ne sauront rien par eux-mêmes et* ne parleront que d'après ce qu'ils auront entendu de personnes différentes. — Ceux qui auront été réellement désignés d'abord par les propriétaires du terrain et ceux qui auront été réellement conduits sur les limites *contestées*, ceux-là pourront être admis en qualité de témoins reconnus par la présente loi.

Art. 3.

Concernant les témoins. — Que les témoins ne donnent point de faux témoignage, dans le but d'avantager ceux qui

---

(1) *Fifi rahi*, très embarrassés, embrouillés.
(2) *Hui raatira.*

leur plaisent et de priver ceux qui ne leur conviennent pas ; — c'est là une mauvaise chose. — Que, dans aucun cas, les personnes qui seront appelées en témoignage ne faussent la vérité ; — leurs paroles ne seront point perdues. — C'est une chose sacrée, devant Dieu, que la parole d'un témoin ; — il y a vie et salut dans la parole véritable, et mort dans la parole fausse de ceux qui sont appelés comme témoins.

Art. 4.

Lorsque les officiers publics auront décidé sur les terres contestées et qu'ils en auront placé les bornes, — ces bornes ne devront pas être retirées. — Si l'un des propriétaires s'obstine à renverser les pierres servant de bornes, il sera coupable : — on le jugera et on le condamnera à 50 brasses de travail ; — ce sera là une véritable usurpation, puisque ce propriétaire n'aura point observé les limites fixées par les magistrats.

Art. 5.

Sur le Livre des limites territoriales. — Le juge de district se procurera un registre, et il écrira, sur ce registre, le nom du propriétaire qui aura été débouté, ainsi que celui du propriétaire auquel la terre en litige aura été adjugée. — Il écrira aussi la direction des limites et le nom du Marae voisin, afin que les terres pour lesquelles une décision aura été donnée ne soient point contestées de nouveau. — Ce registre devra être déposé dans la maison du gouverneur.

Art. 6.

Le gouverneur et le juge de district, assistés de deux tavaroa, tiendront un livre auquel on donnera le nom de *Livre des limites des propriétés territoriales* ; — ils y enregistreront les noms de tous les propriétaires de terrains de leur district et les limites *établies* par les nouvelles lois. — Il en sera ainsi dans tous les lieux, tout autour de Tahiti et de Moorea. — Ce livre deviendra un livre du gouvernement, afin que les générations futures ne soient point troublées de nouveau par des discussions de terres.

Art. 9.

Les officiers publics devront s'acquitter avec soin de ces fonctions *qui leur sont attribuées*, pour la décision *des droits* du propriétaire entre les mains duquel la terre contestée sera remise ; — qu'ils n'agissent point mal en pareille occasion, la terre étant une propriété à laquelle tous les hommes attachent un grand prix (1). — Leurs jugemens devront être rendus avec soin, afin que le gouvernement soit irréprochable à l'égard de ces travaux sur les terres *en litige*. — Ces fautes, concernant les terres, causent souvent la perte d'un grand nombre de gens de bien (2). — Les lois anciennes sur la délimitation des terres contiennent plusieurs passages qui pourront servir à éclaircir ces questions, lorsqu'on aura à s'occuper de régler des limites de terrains.

XXVII.

SUR LA DEMEURE DE LA REINE.

Loi concernant la demeure de la reine et la manière dont elle sera gardée.

Art. 1er.

La reine demeurera à Papaoa, le grand lieu de son gouvernement, — endroit écarté de la demeure des étrangers; — de sorte que, peut-être, elle n'éprouvera là que peu de tribulations. — La reine fera construire pour elle, à Papaoa, une grande et belle maison, comme palais (3) de son gouvernement.

---

(1) *Taoa mauiui*, objet douloureux, propriété sensible.

(2) *Traduction littérale :* « Sont la chûte où tombe la majorité des hommes de bien. » — Ce qui signifie que beaucoup de personnes, d'une conduite régulière, tombent dans le désordre, par suite du ressentiment qu'elles éprouvent après un jugement défavorable à leur égard.

(3) *Aorai*, nuages. — La maison des rois de Tahiti s'appelait *aorai*, nuages ; de même que leur pirogue, *ea nuanua*, arc-en-ciel ; leur lampe, *uira*, éclair, etc., etc.

Art. 2.

Il est convenable que la reine soit gardée. — Sa garde se composera de soldats ;— non point en grand nombre :— dix, par exemple, ou vingt encore, mais pas davantage. — Ces gardes devront être *choisis parmi les* hommes de bonne conduite.

Art. 3.

La reine elle-même cherchera ceux qu'il lui conviendra de prendre pour gardes. — Que la reine ne pense point à augmenter jusqu'à un grand nombre ce corps de soldats *institué* pour sa garde, afin de pouvoir le considérer comme son armée destinée à soutenir ses volontés (1). — Qu'il n'en soit point ainsi.—Sa splendeur (2) doit être établie sur la totalité des *hui raatira* de cette terre, qui, placés au-dessous d'elle, comme pour lui servir de pirogue, forment sa véritable protection.

Ces corps de soldats, établis actuellement, le seront pour servir de gardes, afin de donner de l'éclat à la demeure *royale*, lorsque des personnes nouvellement venues des terres étrangères arriveront en qualité d'hôtes de la reine.

Art. 4.

Il est au choix de la reine d'approuver les présentes dispositions concernant sa demeure et sa garde ;— et s'il ne lui convient pas qu'il en soit ainsi, — *ces projets* n'auront aucune suite. — De même, si la reine désire aller demeurer dans quelque autre lieu, cela sera à sa disposition ; — elle devra toujours considérer Taraboi comme centre de ses domaines. — La reine elle-même cherchera et fournira les valeurs légères qui devront être données en rétribution à ceux qui composeront cette garde lorsqu'elle sera établie.

---

(1) *Faatupu tana parau*, faire croître sa parole.

(2) *Hanahana.*

XXVIII.

CONCERNANT LE PILOTAGE ET L'ANCRAGE DES BATIMENS.

Loi concernant les pilotes et les valeurs que devront payer pour droit d'ancrage tous les bâtimens qui mouilleront à Tahiti et Moorea.

Art. 1er.

La reine et les Sept nommeront à l'office de pilote ceux qui conviendront pour en remplir les fonctions. — Il devra y avoir deux pilotes réellement *établis* à Papeete, qui recevront une nomination réelle; afin que les navires ne restent pas longtems à attendre le pilote, — ils s'accorderont bien tous deux sur la manière *dont ils devront agir* pour se rendre tour à tour à bord des bâtimens qui viendront en vue. — Qu'ils ne se rendent point tous les deux à bord du même navire; — qu'ils ne manquent point non plus tous les deux *de s'y rendre* : chacun pensant que l'autre soit parti, tandis qu'il ne l'est point. — Qu'ils ne soient point envieux l'un de l'autre; qu'ils s'accordent bien : voilà ce qui est convenable.

Art. 2.

Lorsqu'un navire viendra en vue et que, s'étant approché à petite distance, il hissera le pavillon du pilote, — l'un des pilotes devra se rendre à bord et le conduire au mouillage dans le port, — et lorsque le bâtiment sera prêt à partir, le capitaine en préviendra le pilote, et celui-ci conduira le navire en dehors *au large*, où il *en* abandonnera *la conduite* au capitaine.

Art. 3.

Voici la nature des valeurs *à payer* pour l'ancrage et le pilotage. — Tous les navires qui mouilleront à Tahiti et Moorea devront être soumis aux droits dans tous les lieux où seront établis des pilotes réellement *revêtus de cet office*.

— Tous les navires se conformeront aux mêmes droits, — *établis* également pour les grands et les petits bâtimens. — *Le droit* d'ancrage d'un bâtiment sera de 15 dollars ; — tous les navires satisferont à ce droit lorsqu'ils auront été conduits au mouillage en dedans du port. — *Le prix* du pilotage pour l'entrée dans le port, et pour la sortie également, sera de 10 dollars qui seront payés au pilote réellement établi. — Et les bâtimens virés *en carène* paieront 60 dollars pour la maison dans laquelle les objets *provenant du bord* seront déposés, — et pour la garde que l'on fera de ses objets, afin qu'ils ne soient point détruits ou enlevés. — Les pilotes ne devront point demander d'argent aux personnes du pays engagées comme travailleurs à bord de ces bâtimens.

Art. 4.

Deux pilotes devront recevoir une nomination réelle pour *remplir leurs fonctions* au port de Papeete. Iemu, l'ancien pilote, sera l'un des deux, et Ohio sera nommé actuellement pour *faire* le second. — On devra leur donner, à l'un et à l'autre, un véritable brevet, et ils devront se présenter à bord des navires avec ce brevet à la main. — Que les pilotes ne se fassent pas concurrence, comme s'ils voulaient s'enlever des navires ; qu'ils s'accordent de façon à ne pas être en rivalité.

Art. 5.

Si un homme déserteur d'un bâtiment se cache à terre, on le cherchera, et 8 dollars seront payés lorsqu'il aura été trouvé dans un lieu rapproché du navire et qu'on l'aura reconduit à bord. — Pour les lieux éloignés, comme dans le cas où cet homme qui se cachait aura été découvert au-delà de Haapape ou de Punaavia, le prix d'arrestation sera de 15 dollars, et si le déserteur est trouvé à Taiarabu, tandis que son navire est à Papeete, le prix sera de 20 dollars par homme.

Art. 6.

Les personnes qui se seront cachées à terre et ne seront découvertes qu'après le départ de leur navire, devront être jugées et condamnées à un travail de 100 brasses de route.

ou tout autre travail équivalent à 100 brasses de route; — et si ces hommes n'accomplissent point leur peine, ils seront retenus au ceps et ne seront mis en liberté que lorsqu'ils se détermineront à remplir la tâche de travail qui leur aura été imposée. — On leur donnera pour nourriture des fruits de l'arbre à pain et de l'eau. — Qu'il ne soit pas fourni beaucoup de viande ou de poisson (1) aux coupables détenus. — Et lorsque le travail imposé aux déserteurs qui auront été jugés sera complètement achevé, on les conduira chez leur consul pour les mettre à sa disposition.

Art. 7.

Tout homme qui assistera ceux qui se cacheront, et deviendra par suite leur recéleur, sera jugé et condamné : — 20 dollars seront imposés en amende à ceux qui cacheront des déserteurs de bâtimens ou toute autre personne, — *dont* 12 dollars pour la reine, 6 pour le gouverneur et 2 pour le témoin révélateur par le fait duquel on aura découvert celui qui aura recélé quelqu'un.

Art. 8.

Que les hommes de Tahiti établis à terre ne se livrent à aucun travail, à bord des navires, durant le jour du sabbat, ni même dans des embarcations. — Que cela ne soit point. — Si quelqu'un s'obstine et accomplit réellement un travail pendant ce jour, on le jugera et on lui infligera une tâche de 50 brasses ; — cette peine devra être soigneusement accomplie. — Et lorsque cet homme se rendra coupable, pour la deuxième fois, de *cette même faute*, de se livrer au travail à bord des navires durant le jour du sabbat, sa peine devra être de 100 brasses. — *Si* un navire est brisé de telle façon qu'on ne puisse le laisser en cet état, sans qu'il soit absolument perdu, alors on lui portera secours.

Art. 9.

Ceux qui auront été engagés pour ramer dans les canots des capitaines, pour les conduire à terre ou au large, dans

---

(1) *Inai*, tout ce qui se mange en accompagnement avec des alimens végétaux : — soit viande, poisson, volaille, etc.

le port, pourront le faire. — Ils ne devront point accomplir ce service pour aller à des endroits éloignés durant le jour du sabbat. — Si quelqu'un des habitans s'obstine à ramer en canot, le jour du sabbat, pour se rendre à de longues distances, on le jugera et on lui imposera un travail de 50 brasses en premier lieu, et, s'il persévère encore à ramer ainsi durant ce jour, sa peine sera de 100 brasses de travail. — Que l'on ne pagaye point en pirogue durant le jour du sabbat pour se rendre à bord des bâtimens nouvellement arrivés, non plus qu'à bord de ceux *qui se trouvent dans la rade depuis* longtems.

On jugera les personnes qui se montreront obstinées à se rendre à bord des navires durant le jour du sabbat : on leur imposera 50 brasses de travail.

Art. 10.

Que les bestiaux ne soient point abattus ou tués durant le jour du sabbat, — ni bœufs ni cochons. — Cette présente loi abolit tous les actes d'une mauvaise nature qui s'accomplissaient sur cette terre pendant le jour du sabbat; — c'est un jour sacré durant lequel toute mauvaise action doit être interdite. — Les bestiaux destinés à servir de nourriture devront être tués la veille du sabbat (1) et non point durant ce jour ; — et les préparations principales pour la nourriture devront aussi être faites la veille du sabbat et non pas durant ce jour; — c'est là une mauvaise chose. — Observez bien, *hommes de* Tahiti et Moorea, de ne point allumer de feu, pour la préparation des alimens, durant le jour du sabbat, — excepté pour quelques légers alimens cuits à l'eau, ou quelque peu de nourriture pour les malades et pour ceux qui sont accoutumés à faire usage d'eau chaude comme aliment, mais pas davantage. — Ceux qui persévèreront dans l'accomplissement de travaux considérables, durant le jour du sabbat, seront jugés et condamnés à un travail de 50 brasses.

---

(1) *Mahana maa*, jour de nourriture. — Les indiens disposent le samedi leurs provisions et préparent leurs alimens pour le lendemain, afin de n'accomplir aucun travail pendant le jour du sabbat. — La veille de ce jour a pris le nom de *mahana maa*.

Art. 11.

Tous les étrangers venant des différentes terres pour s'établir à Tahiti, dans le but d'y vendre des marchandises, paieront un droit (1). — Ce droit sera de 30 dollars ; — 20 dollars pour la reine et 10 pour le gouverneur. — Cet argent ne devra pas être exigé des ouvriers ou autres personnes travaillant à bord des navires qui séjournent à terre durant quelques jours et retournent de nouveau sur quelque bâtiment; — *on le réclamera* seulement aux personnes établies à terre ayant des marchandises à vendre.

XXIX.

SUR LES NAVIRES QUI APPORTENT DES MALADIES CONTAGIEUSES OU ÉPIDÉMIQUES (2).

Loi concernant les navires qui apportent de dangereuses maladies susceptibles de se répandre promptement sur tous les hommes.

Art. 1er.

Lorsque le pilote se rendra au large, vers un navire, il interrogera le capitaine en ces termes : Y a-t-il une maladie contagieuse à bord du navire? — et si le capitaine répond affirmativement, le pilote ne se pressera point de monter à bord ; — il dira au capitaine de conduire ailleurs son bâtiment ; si celui-ci ne l'écoute point et s'obstine à venir mouiller à Tahiti, le pilote lui enjoindra de se rendre à Haapape et de mouiller au milieu de *la baie*, de manière à n'être point proche de la côte.

---

(1) *Hopoi i te ô*, apporteront le ô, présent fait par ceux qui arrivent sur une terre différente de la leur.

(2) *Mane*, signifie voler, se communiquer rapidement.

Art. 2.

Lorsqu'un navire ayant à bord quelque maladie pernicieuse aura atteint le lieu du mouillage indiqué dans cette loi, — on le fera savoir au consul de la terre d'où vient ce navire apportant le mal.— Il cherchera, conjointement avec les officiers publics de cette terre, les moyens convenables— pour empêcher que cette dangereuse maladie ne gagne le pays.

Art. 3.

Si l'on apprend qu'il n'y a plus de maladie à bord du bâtiment mouillé à distance, le mal réellement existant antérieurement ayant cessé,—on ne se hâtera pas de lui permettre d'entrer dans le port. — Lorsque quarante jours seront écoulés et qu'il ne se sera reproduit aucun *symptôme de* maladie, ce sera suffisant : — on permettra à ce navire l'entrée du port.—Les hommes du bord prendront soin de bien nettoyer leur navire et d'y faire des fumigations, afin qu'il soit bien parfumé et *que les mauvaises émanations aient disparu* avant son entrée dans le port.

Pendant le séjour du navire à Haapape, les hommes de la côte ne devront pas aller à bord ; — celui qui aura véritablement la qualité de médecin pourra seul s'y rendre s'il est demandé. — On mouillera quelques provisions et de l'eau dans un récipient flottant désigné à cet effet, et les hommes du navire viendront les chercher pour les transporter à bord. —S'ils ne desirent ni provisions ni eau venues de terre,—ce sera là une très bonne chose.

Art. 4.

Si une maladie contagieuse, de la même nature que la petite vérole, s'élève sur cette terre, les chefs (hui-raatira) feront leurs efforts pour empêcher qu'elle ne se répande ; — on établira des maisons dans lesquelles les personnes atteintes de ce mal contagieux devront être déposées ; on ne les laissera pas dans les autres maisons. — On ne devra pas les maltraiter—ni les porter aux endroits où les *autres* hommes seront réunis. — Que tous les hommes ne les approchent point ;—qu'ils se tiennent à distance.— Ceux qui les soigneront devront s'acquitter avec zèle de ces fonctions. — Si des individus réellement atteints d'une maladie contagieuse s'obstinent à se rendre en public, les officiers de police les renfermeront afin qu'ils n'aillent point répandre leur mal. — Et ceux qui porteront des individus atteints de ce mal, au milieu de personnes en bonne santé, de manière à faire naître le mal parmi ces personnes, ceux-là seront coupables d'après la présente loi : — ils seront jugés et condamnés ; — on les réprimandera pour la première fois, et s'ils écoutent les observations qui leur seront faites et cessent d'agir ainsi, cela n'aura point de suite, mais s'ils n'en tiennent aucun compte et continuent à porter *des personnes malades parmi celles qui ne le sont pas ;* on leur imposera un travail de 100 brasses de route. — On fera rentrer les malades au lieu désigné. — Et si ces malades guérissent ; — lorsqu'un mois et quelques jours se seront écoulés depuis leur guérison, ils iront librement étant tout-à-fait guéris.

XXX.

CONCERNANT CEUX QUI N'EXÉCUTERONT POINT LES PEINES QUI LEUR AURONT ÉTÉ INFLIGÉES.

Tous les districts établiront des ceps pour y retenir les personnes qui, après avoir été jugées, n'accompliront point leur peine ou ne paieront point leur amende.

Art. 1er.

Lorsqu'une personne aura été jugée suivant ces lois, pour un crime ou délit quelconque, et qu'une peine lui aura été infligée, — si elle n'accomplit pas cette peine ou ne paie pas son amende, et ne se rend pas au lieu où le juge lui aura prescrit d'aller, — cette personne sera coupable ; — les officiers publics la saisiront et la mettront au ceps où on la laissera ; — ses parens la nourriront.

Art. 2.

Lorsque l'individu, ainsi retenu au ceps, dira : « Je vais aller accomplir la peine qui m'a été imposée. », — on le mettra en liberté.— Si cet individu s'en va demeurer dans l'oisiveté et n'accomplit point sa peine, — on l'enfermera de nouveau au ceps, — et s'il dit encore : « Je vais aller exécuter *ma peine*, et je ne serai point paresseux cette seconde fois, », — on le remettra encore en liberté. — Qu'il ne trompe point en ce cas, car sa peine serait très forte : — s'il n'accomplit point alors sa peine, on lui imposera une tâche de travail ou une amende nouvelle pour avoir trompé les magistrats, et il sera de nouveau enfermé aux ceps.

Art. 3.

Lorsqu'un district aura établi des ceps, pour servir à la détention de ceux qui n'accompliront pas les peines à eux imposées par le juge, — les officiers publics devront saisir et y enfermer ceux qui seront restés, une ou deux semaines, oisifs sans songer à l'accomplissement de leur peine; — ces hommes se seront rendus coupables. — Quelques-uns des imiroa seront nommés gardiens de ces ceps, établis par eux et destinés à détenir les personnes coupables. — Il sera convenable d'établir un toit au-dessus, — et tous les officiers publics devront veiller sur ces ceps. — Ils se diviseront en deux parties : — les uns en seront les gardiens pendant deux semaines et seront après cela remplacés par d'autres, afin que ces prescriptions ne deviennent point comme une chose sans valeur ou comme une simple parole des lèvres, *non suivie d'exécution*. — Que les coupables accomplissent leurs peines avec soin et de telle façon qu'elles soient bien achevées : — telle est la chose convenable.

XXXI.

CONCERNANT L'ASSEMBLÉE DES LÉGISLATEURS.

Art 1er.

Lorsque s'approchera le mois appelé *Mars*, les districts choisiront leurs délégués pour reviser les lois, et les enverront chaque année à Tarahoi pour qu'ils y procèdent à la révision ou à l'établissement des lois. — Il y aura une assemblée par an. — Les législateurs se réuniront le premier jour de mars, — et s'ils ne leur convient pas d'ouvrir l'assemblée pour la révision des lois pendant le mois de mars, on en remettra l'ouverture à un autre mois. — Tous les législateurs, délégués par les différens districts, devront avoir soin de ne point manquer à ces assemblées.

Art. 2.

***Sur** les devoirs des Législateurs dans leurs assemblées.* — Si quelque délit vient à se produire et qu'il n'y ait aucune loi concernant ce délit, les législateurs établiront une loi nouvelle et les peines convenables pour le réprimer, — et si l'on reconnaît quelques parties mauvaises dans les lois établies, les législateurs rédigeront de nouveau ces lois en en retirant les parties mauvaises; — et les lois entièrement défectueuses devront être abrogées et tout-à-fait retirées du *Code. — Ce pouvoir appartient seulement aux législateurs*, personne autre ne pourra détruire et abroger une loi qui aura été établie. — Si la reine ou tout autre personne puissante abolit une loi, ce sera là une véritable violation de la loi.

Art. 3.

Les districts devront envoyer, pour réviser et faire les lois, des hommes d'une parole droite et fidèles observateurs de la justice dans l'accomplissement de leurs fonctions législatives. — Que les personnes d'un caractère frivole ne se rendent pas à ces assemblées. — Ceux qui devront y venir, sont les gouverneurs et les délégués choisis, au nombre de deux ou trois; — qu'il n'y en ait pas davantage : c'est une mauvaise chose que le grand nombre en cette circonstance. — Et, lorsque trois assemblées de mars auront eu lieu, on choisira de nouveau d'autres législateurs parmi les hommes d'une parole juste; — les législateurs anciens resteront en repos, leur tems étant achevé.

Art. 4.

Et, lorsque le jour de l'assemblée sera arrivé, on devra nommer un *Auvaha* (1). — Il est convenable que ce soit un missionnaire de la parole véritable de l'Evangile qui soit

(1) Orateur et secrétaire.

choisi pour remplir ces fonctions. — L'*Auvaha* écrira les noms des districts, ceux des gouverneurs, et ceux des législateurs au-dessous de leurs gouverneurs, — toutes personnes désignées pour accomplir ce travail *de la révision des lois*. —Les *hui-raatira* (petits chefs et propriétaires) s'accorderont chez eux sur les paroles qu'ils ont à proposer et les remettront à leurs délégués pour qu'elles soient portées à l'Assemblée. — Et, lorsque les Législateurs seront réunis, ils ne devront jamais s'attacher à faire prévaloir leur propre désir, comme des personnes obstinées. — Ils feront connaître leurs paroles à l'*Auvaha*, afin qu'il les arrange ; — et, d'après le consentement de la majorité, constaté par mains levées, les propositions seront admises en qualité de lois.

Art. 5.

Les lois qui auront été formulées par les législateurs et approuvées par la reine deviendront lois (obligatoires), lorsque la reine les aura signées.—Que la reine ne se montre pas étonnée, à propos des lois qui auront été rédigées par les législateurs ; — c'est avant l'assemblée que la reine devra faire connaître, par l'organe de son orateur, les modifications qu'elle désire. — Et la reine ne pourra renverser en dessous la face de ses lois, — et les lois établies ne pourront être brisées : — elles auront toute leur force. — La reine doit aujourd'hui suivre le Code établi.

Art. 6.

L'approbation de la reine sera nécessaire pour les lois nouvelles, afin qu'elles aient force de loi. — Les lois, formulées depuis longtems et mises en vigueur, ne sont point de nouvelles lois pour lesquelles il soit nécessaire d'attendre la signature de la reine : — la puissance de ces lois n'a pas été annulée, si elles ont été violées. — Que tous les hommes se rappellent bien que les législateurs seuls ont le droit d'abroger les lois et qu'eux seuls également ont le pouvoir d'en établir de nouvelles.—Les lois établies sont une chose puissante qui ne peut être foulée aux pieds par tous les hommes.—La reine, et les personnes puissantes, et tous les hommes devront observer avec soin les lois, afin que la demeure soit bonne sur cette terre. — Les lois justes viennent de Dieu ; — ces lois sont établies pour l'extinction du mal et la production du bien.

XXXII.

DÉSIGNANT LES FONCTIONNAIRES PUBLICS RECONNUS DANS CES LOIS, AU-DESSOUS DE LA REINE POMARÉ.

Noms des Sept Grands Juges :

POUR TAHITI :

Localités :	*Noms :*
Pare et Arue.	Temaehuetea.
Aharoa.	Paofai.
Te Oropaa et Te Fana.	Utami.
Teva i uta.	Tati.
Teva i tai.	Tavini.

POUR MOOREA :

Localités :	*Noms :*
Io i raro.	Mahine.
Io i nia.	Tepâu.

Les noms des Juges de district et des Imiroa ne peuvent être imprimés ici, à cause des époques de décès, de destitution et de nomination ; les noms de ces officiers publics seront écrits au Livre de chaque district.

Toutes les petites terres éloignées, comprises dans ce gouvernement, comme Meetia, Ana, Anura, Maatea, et tous les lieux qui reconnaissent l'autorité de la reine Pomaré, écriront également, dans leurs registres de district, les noms de leurs officiers publics. — On réglera les amendes à imposer aux personnes coupables en ces différens lieux, suivant la nature des objets produits par le pays ; — de même que les redevances annuelles qui seront payées à la reine, aux gouverneurs et aux iatoai.

QUELQUES ÉCLAIRCISSEMENS

SUR CERTAINES LOIS.

IIe LOI. — *Art.* 2.

On ajoutera ce paragraphe : — Si plusieurs personnes se réunissent pour acheter en commun une seule bouteille de *spiritueux*, chacune d'elles sera condamnée à 50 dollars d'amende, à cause de cette unique bouteille pour l'achat de laquelle elles se seront réunies.

XIXe LOI.

On ajoutera à la fin, comme article 11, le suivant : — Si quelque objet tombe sur la route ou si un objet quelconque, ayant été perdu, est trouvé par quelqu'un, — celui qui l'aura trouvé ne devra point cacher cet objet ; — il devra le montrer ; — et lorsqu'il en aura découvert le proppropriétaire, il devra lui rendre sa propriété. — La personne à laquelle cet objet appartiendra devra donner quelque légère valeur à celui qui l'aura trouvé. — Que l'on n'exige point, en pareil cas, une récompense considérable. — Celui qui aura trouvé des objets perdus, et, en connaissant le propriétaire, les aura cachés, aura commis une faute pareille à un vol. — Celui qui reçoit et cache un objet volé, sachant que cet objet a été volé, — est également un voleur lui-même.

XXVIIIe LOI.

On ajoutera à la fin, comme article 12, le suivant : — Ceux qui vendront des denrées ou marchandises quelconques, le jour du sabbat, seront jugés et condamnés à 100 brasses de travail. — Les objets ainsi mis en vente, pendant ce jour, seront saisis et portés à la reine et au gouverneur. — C'est une grande faute que de ne point observer le jour du sabbat.

XXXIIIe LOI.

Sur ceux qui excitent à la guerre. — On suivra la 3e loi, imprimée en 1838, concernant ce crime, s'il vient à être produit ; la nature de cette loi convient.

On devra observer également les parties des lois anciennes, qui ne sont point comprises dans ce Code nouveau.

Salut à tout Tahiti. — Encouragez-vous dans les bonnes paroles ; salut à vous. — Ceci est la salutation que vous adresse à tous celui qui a imprimé ce *Livre de Lois*, celui que vous avez nommé *Auvaha*, et voilà que notre travail est achevé.—Suivez avec zèle et gardez avec soin ces présentes lois.

Amen.

Signé : POMARE, *Reine.*

TABLE

DU LIVRE DES LOIS

PUBLIÉ EN L'ANNÉE 1842.

XXXII.

FIN.

E. Amiot et H. Lambert, typ. du Gouvernement.

LOIS

NOUVELLEMENT REVISÉES.

142

LOIS

RÉVISÉES

DANS L'ASSEMBLÉE DES LÉGISLATEURS

Au mois de Mai de l'année 1845

POUR LA CONDUITE

de tous

SOUS LE GOUVERNEMENT DU PROTECTORAT

DANS LES TERRES DE LA SOCIÉTÉ.

PAPEETE

Imprimerie Typographique du Gouvernement.

1845

145

LOIS

RÉVISÉES

DANS L'ASSEMBLÉE DES LÉGISLATEURS

Au mois de Mai de l'année 1845.

I.

DU MEURTRE ET DES COUPS OU BLESSURES PORTÉS VOLONTAIREMENT.

Art. 1er.

Si un homme en tue un autre dans ce Gouvernement du Protectorat, que ce soit quelqu'un de sa famille ou tout autre,—avec le desir véritable et l'intention réelle de tuer,—et si la victime meurt, le *coupable* sera jugé et condamné.—Voilà *quelle sera* la peine du meurtrier : être pendu jusqu'à ce qu'il soit mort.

Art. 2.

On amènera cet homme à Papeete pour le juger.—Le Régent fera connaître et dira aux Sept *Grands Juges*, ainsi qu'à tous les officiers publics, de venir, à Papeete, au jugement de ce meurtrier. Et lorsque les Sept seront réunis ainsi que les officiers publics, alors on jugera et on condamnera ; et, lorsque la peine aura été prononcée, les Sept et le juge (1) écriront au Régent, et s'il lui convient que *le coupable* soit pendu, il sera pendu ; sinon, il ne le sera point.

Art. 3.

De même, les pères et mères, et les parens ou les autres personnes qui donneront la mort aux enfans nouveaux-nés, et ceux qui attenteront aussi à la vie des enfans non mis au monde, dans le sein *de leur mère*, ceux-là seront également des meurtriers : on les jugera comme tels, et ils seront condamnés à la peine d'être pendus jusqu'à ce qu'ils soient morts.

Art. 4.

A Papeete seront jugés et pendus tous les meurtriers de tous les districts de Tahiti et de Moorea.—Que l'on ne pende point en un lieu et en un autre ;—et que ce soit seulement lorsque tous les officiers publics de Tahiti et Moorea seront réunis.

Art. 5.

Si c'est un naturel qui tue un autre naturel, le Régent Paraita sera celui qui diminuera la peine.—S'il convient au Régent que *le coupable* soit pendu, il sera pendu ; s'il lui convient qu'il soit déporté sur une autre terre, il sera déporté ;—s'il lui convient aussi d'annuler la peine, il pourra le faire.

Pour tous les hommes qui tueront des Français ou des étrangers, que ce soit un naturel, un Français ou un étranger,—le Roi des Français sera celui qui annulera la peine,—ou bien son Représentant, établi à Tahiti, *agissant* au nom du Roi.

Art. 6.

De l'homme qui ne sera pas mort à la suite de ses blessures. — Si une personne quelconque en maltraite une autre avec l'intention de la tuer, *soit* en la frappant avec une

---

(1) Président.

pierre ou avec un bâton, la blessant avec un sabre ou avec un couteau, ou accomplissant tout autre acte susceptible de causer la mort, si, par le fait d'une circonstance étrangère intervenant, la personne maltraitée est sauvée, et si pourtant elle a reçu quelques blessures ou souffert d'une façon quelconque,— on jugera et on condamnera à une amende, l'homme qui se sera rendu coupable de ces mauvais traitemens (Français, étranger ou Tahitien). Voilà l'amende qui lui sera imposée : 160 dollars. — 100 pour la personne blessée, (il devra payer aussi le temps du blessé, si la maladie est longue, et les frais de guérison) ; 20 dollars pour le Gouvernement protecteur ; 20 dollars pour le gouverneur du lieu où ce crime aura été commis, et 20 dollars pour les imiroa.

Si c'est un Français, ou un étranger, qui ait accompli ce délit, en argent seulement *sera payée* son amende de 160 dollars ; — si c'est un naturel, 160 dollars seront aussi son amende, qui pourront être payés en objets de bonne qualité, tels qu'il convient à la loi, soit en argent, en cochons, en huile, jusqu'à la valeur de 160 dollars.

Si cette amende n'est pas promptement payée et que la personne maltraitée desire *être dédommagée* par du travail, il en sera ainsi : l'homme jugé travaillera jusqu'à concurrence d'une valeur exactement correspondante à 160 dollars. — Que les objets défectueux ou de peu de valeur ne soient point reçus par les officiers publics en paiement de l'amende imposée pour ce délit.

Art. 7.

Concernant l'homme qui est mort sans que celui qui l'a maltraité ait eu l'intention de tuer.—Si un homme en frappe un autre de la main, ou avec un bâton, ou fait tomber une autre personne dans la mer, ou accomplit tout autre acte hostile, sans avoir aucunement l'intention de tuer la personne maltraitée *par lui* ; si les personnes désignées pour remplir les fonctions d'imiroa pensent que ce n'est point avec le desir de donner la mort que cet homme a agi, il sera jugé et condamné, et voilà *quelle sera* sa peine : être déporté sur *Maatea* pour y rester jusqu'à sa mort.—S'il est rappelé plus tard par le Régent, il pourra revenir.

Si les juges veulent infliger cette peine de la déportation sur *Maatea* aux Français et aux étrangers qui se seront rendus coupables de ce délit de voies de fait *commises* sans intention de tuer, et pourtant suivies de mort, — il sera à leur disposition d'agir ainsi.

Art. 8.

Des personnes maltraitées par autrui. — Si quelqu'un est frappé avec un bâton ou avec la main, ou blessé à coups de pierre ou par tout autre acte du même genre, correspondant à de véritables mauvais traitemens, — dans un lieu solitaire ou en public, — celui qui aura accompli de tels actes, en maltraitant quelqu'un autre, sera jugé. C'est à la personne maltraitée de conduire celui qui s'est livré envers elle à de mauvais traitemens en présence du juge ; — et si elle ne le conduit pas au juge afin qu'il soit jugé, n'importe, cela la regarde. — Si *l'accusé* est amené *devant le juge*, s'il est jugé et si l'on connaît certainement qu'il est coupable, on le condamnera à une amende de 20 dollars : *dont* 11 dollars pour la personne maltraitée, 3 pour le Gouvernement protecteur, 3 dollars pour le gouverneur du lieu où s'est accompli le délit, et 3 dollars pour les imiroa.

Cette amende de 20 dollars séra la même pour les Français, les étrangers et les naturels qui se rendront coupables de ce fait. — *L'amende* des naturels pourra être payée en objets de valeur tels qu'il convient à la loi ; on devra régler avec soin *la nature et la qualité de ces objets*, de manière à représenter la somme de 20 dollars : dont 11 pour la personne blessée, 3 pour le Gouvernement protecteur, 3 pour le gouverneur du lieu où le délit a été commis, et 3 dollars aux imiroa, comptés sur les objets remis en amende.

Art. 9.

Si un homme marié attente à la vie d'un homme ayant réellement pris sa femme, avec l'intention formelle de le tuer, cet homme mourant par suite, le meurtrier sera jugé et condamné. Voilà quelle sera sa peine : il sera pendu ainsi qu'il est prescrit à l'art. 2 pour le meurtre véritable.

Si le mari d'une femme frappe l'homme qui aura pris sa femme, sans avoir l'intention de le tuer, et que pourtant cet homme meure par suite de son fait, le meurtrier sera jugé et condamné. Voilà quelle sera sa peine : la déportation sur *Maatea*, ainsi qu'il est prescrit à l'art. 7 de la présente Loi.

Mais les simples coups et les blessures légères, et tous les actes sans gravité qui ne peuvent être considérés comme tentatives de meurtre, et n'auront point causé la mort ni aucune blessure grave, ne donneront pas lieu à mettre en jugement l'homme marié *qui s'en sera rendu coupable*, celui qui aura pris la femme d'un autre avant eu, par ce fait, un tort très grave *à son égard*.

La femme mariée également qui se sera rendue coupable de ce crime *de tentative de meurtre*, et qui aura tué la femme prise par son mari, sera jugée *et condamnée* conformément à l'article 1er ou à l'article 7, suivant que la nature de son délit se rapportera à l'un ou à l'autre de ces articles.—Pour les blessures de peu de gravité, elle ne sera point jugée; cela aura résulté de l'amertume de son cœur (1), cette autre femme ayant pris son mari. — Au moment où l'on verra ces deux personnes, alors seulement il sera permis *de se livrer* à ces actes *de vengeance* modérée.—S'ils sont surpris par d'autres et arrivés sous le coup de la loi, on ne pourra alors agir ainsi : la loi seule aura son action.

Art. 10.

Les hommes qui auront commis, à Tahiti, un délit encourant la peine de la déportation sur l'île de Maatea, qui y auront été transportés et qui se rendront de nouveau coupables sur cette île de délits punis par le bannissement, et les habitans de Maatea qui commettront de pareils délits, seront bannis à Matahiva, ou dans quelque autre île éloignée, et abandonnés là jusqu'à leur mort.

II et III.

SUR LES SPIRITUEUX ÉTRANGERS, LE VIN ET TOUTE PRÉPARATION ÉTRANGÈRE SUSCEPTIBLE DE PRODUIRE L'IVRESSE.

Pour ce qui concerne les spiritueux étrangers et tous les vins, ainsi que toute chose d'origine étrangère susceptible d'énivrer, on devra se conformer aux Commandemens (2) du

---

(1) *Ioino aau.*
(2) Arrêtés.

Commissaire du Roi des Français, qui seront traduits en langue indigène et remplaceront la 2e et la 3e Loi de l'année 1842 ; — ils seront envoyés à tous les juges.

IV.

SUR LA VENTE DES OBJETS DE TOUTES SORTES.

Cette loi n'ayant pas été révisée dans l'Assemblée des Législateurs en cette année 1845, les juges observeront encore les prescriptions de la Loi 4e, sur les ventes, établie en l'année 1842, excepté dans les dispositions qui ne s'accorderaient pas avec ces nouvelles lois.

V.

SUR LES SPIRITUEUX FABRIQUÉS A TAHITI ET DANS TOUTES LES TERRES COMPRISES DANS CE GOUVERNEMENT.

La loi nouvelle révisée dans l'Assemblée des Législateurs en cette présente année 1845, n'ayant pas été approuvée par le Commissaire du Roi, elle est annulée, et les juges devront suivre la Loi 5e, concernant les spiritueux fabriqués dans ces îles, établie en l'année 1842.

VI.

SUR LES UPAUPA (LA MUSIQUE ET LES DANSES).

Art. 1er.

Cette nouvelle loi annule la 6e Loi établie en l'année 1842. —Toutes les upaupa sont permises ; on pourra danser et faire des gestes. — A huit heures du soir, toutes les upaupa devront finir.

Art. 2.

Que l'on ne se découvre point en état de nudité et que personne ne se montre avec indécence ; — c'est là une mauvaise chose interdite par la présente loi. — Celui qui agira ainsi sera jugé et condamné ; que *ce soit* un homme ou une femme, voilà quelle sera la peine *infligée :* une amende de 3 dollars : un dollar pour le Gouvernement protecteur, un dollar pour le gouverneur du lieu auquel *le coupable* appartiendra véritablement, un dollar pour les imiroa.

Art. 3.

Toute personne qui produira le trouble par des danses répréhensibles,—comme les danses excitant à la débauche, au vol, à l'ivresse, ou faisant naître des *rixes* et susceptibles de corrompre les jeunes gens (1), ou tout acte produisant le trouble. —Toute personne qui se rendra coupable de pareils actes *sera renvoyée* par les mutoi qui lui diront de se retirer; cette personne sera aussi jugée et condamnée. Voilà quelle sera sa peine : 50 brasses de route ou bien tout autre travail pour le Gouvernement.

Si le trouble s'élève dans un district, par le fait des danses et upaupa, *et que des désordres* pareils à ceux qui ont été désignés ci-dessus *soient produits*, les chefs de ce district y interdiront les upaupa et remettront le soin *de cette affaire* entre les mains du Commissaire du Roi des Français et du Régent.

VII.

SUR L'ADULTÈRE.

Art. 1er.

Si un homme marié commet l'adultère avec une femme mariée, ils seront jugés et condamnés. Voilà quelle sera l'amende imposée à l'homme : 5 cochons, *dont* 3 pour le mari de la femme prise par lui, un pour le Gouvernement protecteur et un pour les imiroa. Si *cet homme* ne peut fournir de cochons, l'amende sera payée en argent, et sera de 10 dollars; —il accomplira, en outre, pour le Gouvernement, un travail de 40 brasses de route en longueur sur 3 brasses de largeur.—Voilà quelle sera l'amende de la femme : *elle sera*

(1) *Faaino i te maitai o te feia api*, rendre mauvais le bien des personnes jeunes.

payée en argent, et sera de 10 dollars : 5 dollars et demi pour la femme de l'homme qu'elle aura pris, un dollar et demi pour le Gouvernement protecteur, un dollar et demi pour le gouverneur de sa véritable terre, un dollar et demi pour les iniroa.

Art. 2.

Si un homme marié prend une femme non mariée, et si une femme mariée commet l'adultère avec un homme non marié, ils seront jugés et condamnés. On suivra, dans *l'application* de leur peine, les prescriptions de l'article 1er de la présente loi.

Art. 3.

Les personnes offensées (1) par ce fait pourront seules faire naître un jugement pour l'adultère, excepté dans le cas où une action très mauvaise et honteuse (2) aurait été accomplie en public, — alors les officiers publics pourront provoquer le jugement des personnes coupables.

Art. 4.

Toutes les femmes qui se rendront à bord des bâtimens, sans en avoir obtenu l'autorisation, seront coupables d'après cette loi : on jugera la femme qui agira ainsi et on lui imposera une peine. Voilà quelle sera sa peine : *fournir* 10 brasses d'étoffe indigène.

Art. 5.

Toute personne, homme ou femme, convaincue d'avoir accompli des actes d'entremettage envers quelqu'un autre, soit en paroles ou de toute autre façon, sera jugée et condamnée à l'amende. Voilà quelle sera son amende : 7 cochons, *dont* 2 pour le mari de la femme *entraînée à des actes* coupables, 2 pour la femme de l'homme adultère, 1 pour le Gouvernement protecteur, 1 pour le gouverneur de sa propre terre et 1 pour les iniroa ; si l'amende se paie en argent, elle sera de 16 dollars : 5 pour la femme de l'homme coupable *d'adultère*, 5 pour le mari de la femme devenue

---

(1) *Te feia hamani ino hia*, les personnes maltraitées, ayant éprouvé un dommage, les parties intéressées.

(2) *Te ino rahi haama*, le mal grand, faisant honte ; action scandaleuse.

coupable, 2 pour le Gouvernement protecteur, 2 pour le gouverneur de sa propre terre et 2 pour les imiroa.

Si l'une seule des personnes servies par l'entremetteur est mariée, l'amende de celui-ci sera de 5 cochons, *dont* 2 pour la personne offensée *par ce fait*, 1 pour le Gouvernement protecteur, 1 pour le gouverneur de sa propre terre et 2 pour les imiroa.

Si c'est un homme non marié et une femme non mariée entre lesquels l'entremettage a été accompli, on devra remettre la portion d'amende attribuée aux personnes offensées *par le fait de l'entremetteur*, aux parens de la fille qui aura été entraînée à la débauche.

Toute personne qui se rendra coupable pour la seconde fois de ce fait d'entremettage sera encore jugée et condamnée à la peine indiquée ci-dessus; elle sera, en outre, emprisonnée, à cause de la récidive, et restera 15 jours en prison. — Si le juge pense que ce nombre de jours n'est pas suffisant, il pourra l'augmenter jusqu'à deux mois.

Et si cette personne se rend de nouveau coupable de ce fait, pour la troisième fois, voilà quelle sera sa peine : être déportée sur quelque autre terre.

Art. 6.

Les enfans restent sous la surveillance de leurs parens. — Que les parens ne laissent point leurs enfans aller de côté et d'autre : ils doivent les garder avec soin; et si les enfans n'écoutent pas les bons avis de leurs parens et que ceux-ci ne puissent réprimer leurs désordres, ils devront le faire connaître aux officiers publics. — Les parens pourront toujours provoquer le jugement de ceux qui font croître le mal dans leur famille, que ce soit une personne étrangère ou bien un membre de cette même famille.

VIII.

DU MARIAGE ENTRE LES FRANÇAIS, LES ÉTRANGERS ET LES NATURELS.

Cette loi nouvelle abroge la 8e Loi établie en l'année 1842 : elle autorise le mariage des Français et des étrangers avec les naturels.

Art. 1er.

Si un Français ou un étranger désire épouser une femme indigène, et si une Française ou une étrangère desire épouser un naturel, ils pourront le faire, et devront se conformer exactement aux lois françaises et tahitiennes concernant le mariage ; et, lorsque le mariage sera fait, ils ne pourront être séparés que par la mort de l'un d'eux, excepté dans les circonstances indiquées ci-dessous.

Si un Français, ou un étranger, épouse une femme indigène ; s'il part ensuite pour une terre étrangère, abandonnant sa femme à Tahiti, et s'il ne revient pas et n'écrit aucune parole à sa femme,—cette femme attendra trois années, et, s'il n'est point revenu, alors elle pourra demander que leur séparation soit prononcée. — Le juge recevra cette demande et s'enquérera avec soin, de *manière à pouvoir en apprécier* la nature ; il convient d'y consentir et il convient aussi d'y mettre opposition, suivant la nature et les circonstances de cette affaire d'après lesquelles on devra se guider.

Art. 2.

Tous les biens apportés en mariage par la femme seront laissés à elle et aux enfans, et il ne sera jamais permis au mari de vendre ou de donner à quelqu'un autre les biens de sa femme. Si la famille de cette femme donne quelque autre valeur ou propriété au mari, il pourra alors la vendre, si la vente en est autorisée dans la parole écrite constatant ce don particulier.

IX.

DU MARIAGE ENTRE LES NATURELS.

Cette Loi n'ayant pas été révisée dans l'Assemblée des Législateurs en cette présente année 1845, les juges observeront encore les prescriptions de la loi 9e sur le mariage, établie en l'année 1842, excepté dans ce qui ne s'y accorderait point avec ce Code nouveau.

X.

CONCERNANT LES COCHONS QUI VONT DANS LES MONTAGNES JUSQUE DANS LES VALLÉES DE FEI.

Cette Loi n'ayant pas été révisée dans l'Assemblée des Législateurs en cette présente année 1845, les juges suivront encore la loi 10e concernant les cochons qui vont dans les vallées de tel de propriétaires différens, établie en l'année 1842, sauf les dispositions qui ne s'accorderaient pas avec ce Code nouveau.

XI.

DE CEUX QUI MARCHENT ET SURVEILLENT DURANT LA NUIT ET QUI ONT ÉTÉ APPELÉS MUTOI.

Cette Loi n'a pas été révisée dans l'Assemblée des Législateurs en cette présente année 1845 ; les juges suivront encore la loi 11e sur les mutoi, sauf en ce qui ne s'y accorderait pas avec ce Code nouveau.

XII.

CONCERNANT LES DONATIONS, LES VENTES ET LES LOCATIONS DE TERRES ET DE MAISONS.

Cette Loi annule les lois 12 et 13 établies en l'année 1842.

Art. 1er.

Les propriétaires de terrains et les propriétaires de maisons pourront donner, vendre et louer, une partie ou le tout de leurs terres ou de leurs maisons, à qui bon leur semblera. — Ils devront toutefois se conformer, dans la donation, la vente ou la location, aux articles 2 et 3 de la présente Loi.

Art. 2.

Aucun naturel ne pourra vendre, louer à long terme (1), ou donner sa terre ou sa maison, à un Français ou à un étranger, sans se conformer aux Arrêtés du Commissaire du Roi des Français, le Gouverneur.

Art. 3.

Les locations de terres ou de maisons qui dépasseront cinq années, et celles qui, sans atteindre à cinq années, peu-

---

(1) *Traduction littérale* : « Louer en longue location. »

vent être renouvelées suivant le desir du locataire, seront considérées comme locations à long terme.

Art. 4.

Les ventes, donations, et les locations à long terme de terres ou de maisons, qui ont été conclues depuis l'établissement de ce Gouvernement du protectorat et qui ont été réellement écrites dans le Livre des propriétés territoriales, sont positivement établies.

Art. 5.

Tous les terrains qui ont été nécessaires au Gouvernement du protectorat, pour son établissement, appartiennent à ce gouvernement. — Si un propriétaire dit que l'un de ces terrains lui appartient et si l'on reconnait qu'il lui appartienne réellement, il recevra un paiement pour ce terrain. — La somme à payer sera réglée d'apres le prix de vente ou de location des terres lors de l'établissement du Gouvernement du protectorat.

XIII.

SUR L'INTERDICTION DE LOUER DES TERRES AUX ÉTRANGERS.

L'ancienne loi 13ᵉ est abrogée par la nouvelle loi 12, établie en cette année 1845, et imprimée ci-dessus; les juges et tous les hommes observeront avec soin cette nouvelle loi pour toute location de terres.

XIV.

DE LA CULTURE DES TERRES.

Cette Loi n'ayant pas été révisée dans l'Assemblée des Législateurs en cette année 1845, les juges devront suivre la loi 14ᵉ sur la culture, établie en l'année 1842, sauf en ce qui ne s'y accorderait pas avec ce Code nouveau.

XV.

CONCERNANT LES HOMMES MARIÉS ET LES FEMMES MARIÉES.

Cette Loi n'ayant pas été révisée dans l'Assemblée des Législateurs en cette année 1845, les juges devront suivre la loi 15e, établie en l'année 1842, sauf en ce qui ne s'y accorderait pas avec ce Code nouveau.

XVI.

CONCERNANT L'HOMME QUI ABANDONNE SA FEMME ET LA FEMME QUI ABANDONNE SON MARI.

Art. 1er.

Que, dans aucun cas, le mari n'abandonne sa femme; que la femme, non plus, n'abandonne point son mari, sans *que l'un ou l'autre ait commis* une faute reconnue par le juge.

Si *l'un des deux époux* abandonne l'autre, les officiers publics, quand ils en seront requis par la personne abandonnée, le conduiront en présence du juge, et le juge le réprimandera et l'avertira de ne point agir ainsi. — S'il s'obstine encore dans son abandon et n'écoute aucunement l'avertissement du juge, les officiers publics le conduiront de nouveau en présence de celui-ci, et si la personne abandonnée demande qu'on le juge, le juge prendra et jugera celui *des époux* qui aura abandonné l'autre, et lui imposera une peine. Voilà quelle sera sa peine : celui qui abandonne paiera à l'époux abandonné quatre dollars par mois, jusqu'à ce qu'il retourne auprès de lui ou d'elle. — Si ces quatre dollars ne sont pas régulièrement payés tous les mois, la personne condamnée à les payer sera conduite en prison pour y rester jusqu'à ce qu'elle ait complètement satisfait à cette amende.

Art. 2.

Si la femme d'un homme meurt; s'il reste une sœur plus jeune de cette femme, et s'ils désirent se marier, ils pourront le faire, de même pour une sœur aînée.

XVII.

CONCERNANT LES TORTS ET PRÉJUDICES CAUSÉS A QUELQU'UN, AINSI QUE LES MAUVAIS TRAITEMENS EXERCÉS ENVERS AUTRUI.

Art. 1er.

Que, dans aucun cas, un homme marié ne maltraite sa femme, soit en la battant, soit en la bannissant au loin, soit en lui faisant souffrir la faim, etc. — Si un mari agit ainsi, il devra être jugé et condamné, à moins que sa femme ne s'oppose au jugement. Voilà quelle sera sa peine : une *tâche de* route pour le Gouvernement, de 20 brasses de longueur sur trois de largeur.

S'il résulte une maladie, des blessures, ou si la femme *maltraitée* meurt par suite de ces mauvais traitemens, le juge imposera à cet homme, coupable de mauvais traitemens, les peines qui ont été indiquées, dans la loi 1re, pour le meurtre et les coups et blessures portés à autrui.

Art. 2.

Si un homme use de violence envers une femme, comme de la prendre à la gorge pour l'empêcher de crier ou en employant quelque autre moyen, pour obtenir l'accomplissement de ce qu'il desire, il sera coupable d'après la présente loi ;—cet homme sera jugé, et il lui sera imposé une peine. Voilà quelle sera sa peine : *il paiera une amende de* 20 dollars à la femme maltraitée par lui, et si le juge pense que cette somme est trop faible, il pourra l'augmenter jusqu'à 60 dollars. Cet homme sera aussi retenu en prison pendant un mois ; et si le juge pense que ce nombre de jours n'est pas suffisant, il pourra l'augmenter jusqu'à six mois, en réglant avec soin la durée de l'emprisonnement d'après la gravité du crime.

Art. 3.

Qu'aucun homme ne forme de mauvais desseins dans ce Gouvernement du protectorat, comme d'offenser ou de maltraiter le Commissaire du Roi des Français, le Régent de Tahiti et les personnes puissantes dans ce Gouvernement, ou d'incendier la maison d'autrui, de commettre le meurtre, et tous les autres grands crimes qui pourraient être projetés.— Si quelqu'un agit ainsi, il sera jugé et condamné à une peine. Voilà quelle sera sa peine : la déportation sur Maatea. Lorsque la peine aura été prononcée, on écrira au Régent, et s'il lui convient que *le coupable* soit banni, il sera banni ; sinon, il ne le sera pas.

Pour tous ces délits, indiqués dans le présent article, de mauvais desseins *formés* contre les Français et les étrangers, soit par des naturels, soit par des Français, soit par des étrangers, ce sera le Roi des Français qui annulera la peine, ou bien son Représentant, demeurant à Tahiti, *agissant* au nom du Roi.

XVII *bis.*

SUR LA CALOMNIE ET LE FAUX TÉMOIGNAGE.

Art. 1er.

Qu'aucun homme ne prononce des paroles fausses susceptibles de faire tort à la bonne réputation et aux intérêts de quelqu'un autre. Si *une personne* agit ainsi, elle sera jugée et condamnée, selon qu'il est indiqué aux articles 2e, 3e et 5e de cette présente loi.

Art. 2.

Si une personne en calomnie une autre, par une fausse accusation de quelque grand crime, tels que le meurtre, le vol, et tout autre grand crime, voilà quelle sera sa peine : *une amende à payer,* en argent, *de* 60 dollars : 42 dollars pour la personne à laquelle elle aura porté préjudice, 6 dollars pour le Gouvernement protecteur, 6 dollars pour le gouverneur de sa propre et véritable *terre,* 6 dollars pour les imiroa.

Le juge pourra diminuer cette amende jusqu'à 20 dollars, en la réglant avec soin suivant la nature et les circonstances du délit. On observera toujours dans le partage de cette amende, les *proportions* qui ont été indiquées ci-dessus.

Art. 3.

Si une personne en accuse faussement une autre d'un crime moins grave que ceux désignés à l'art. 2, comme si on accuse faussement un homme d'avoir pris une femme ou *d'avoir commis* tout autre délit d'une même gravité,—voilà quelle sera la peine infligée à celui qui aura agi ainsi : *une amende de* 20 dollars : 11 pour la personne faussement accusée, 3 pour le Gouvernement protecteur, 3 pour le gouverneur du lieu auquel appartient véritablement *le coupable* et 3 pour les imiroa.

Le juge peut encore diminuer cette amende jusqu'à 12 dollars, en se conformant toujours avec soin à la nature et aux circonstances du délit : le partage sera fait ainsi qu'il a été indiqué ci-dessus.

Art. 4.

Qu'aucun homme n'accuse faussement quelqu'un autre dans un jugement, avec la connaissance de la fausseté de ses propres paroles. Celui qui aura agi ainsi aura calomnié; le juge se réglera pour la peine à lui imposer sur la nature de sa calomnie, ainsi qu'il est indiqué aux articles 2, 3 et 4 de cette loi.

Art. 5.

Pour tous les délits indiqués ci-dessus, le juge pourra toujours, en se réglant sur la gravité de la faute *commise*, infliger encore cette autre peine : retenir l'homme coupable en prison pendant 15 jours; et si le juge pense que ces 15 jours sont *un laps de temps* trop court, il pourra alonger *la durée de l'emprisonnement* jusqu'à trois mois.

XVIII.

SUR LE JOUR DU SABBAT ET L'ENSEIGNEMENT DES ENFANS.

Cette Loi nouvelle abroge la loi 18e établie en l'année 1842.

Art. 1er.

L'homme qui n'ira point à la Maison de prière écouter la parole de Dieu aura tort, — mais la loi n'exige point de lui qu'il s'y rende. — Si quelques personnes desirent aller dans une maison de prière différente pour entendre leur doctrine, cela est à leur choix, et cette présente loi ne les inquiétera en aucune façon pour cela.

Art. 2.

Si quelqu'un accomplit les travaux non permis durant le jour du sabbat, tels que cultiver la terre, construire des maisons, faire des enclos, pêcher, construire des pirogues, fabriquer de l'huile, et transporter des objets dans un lieu et dans un autre pour les vendre, ainsi que tous travaux considérables, etc., etc. — *Si quelqu'un agit ainsi*, on le jugera et il lui sera imposé une peine. Voilà quelle sera la peine imposée aux hommes : un travail de route de 30 brasses en longueur sur 3 brasses de largeur. — La peine imposée aux femmes sera une amende, en argent, de 3 dollars : un dollar pour le Gouvernement protecteur, un dollar pour le gouverneur de sa propre terre, un dollar pour les imiroa.

Mais tous les travaux légers, tels que se baigner, faire cuire des alimens, se promener, ramer en canot ou en pirogue, et tous les petits travaux qu'il convient d'accomplir le jour du sabbat, n'auront aucune suite, et cette loi ne s'en occupera point.

Art. 3.

Concernant les Enfans. — Ceux qui mettent au monde et ceux qui nourrissent des enfans doivent remplir avec soin leurs devoirs *paternels*. — Que les enfans ne soient point retenus dans les maisons des personnes étrangères : qu'ils demeurent dans la maison de leurs propres parens. — L'homme qui tentera de retenir dans sa maison les enfans de quelqu'un autre, sans que cela lui ait été dit par les parens véritables de ces enfans, sera coupable ; cet homme qui aura retenu des enfans en un même lieu pour qu'ils y commettent du désordre sera jugé et condamné à accomplir un travail de 50 brasses de route. — Mais la réunion pour l'enseignement de la parole de Dieu est une chose convenable.

Art. 4.

Les parens et ceux qui nourrissent des enfans qui ne s'acquitteront pas régulièrement du soin de conduire leurs enfans dans leur propre maison et à l'école, et qui ne veilleront pas à ce qu'ils s'y rendent réellement, afin d'apprendre la lecture, l'écriture et la parole de Dieu, — ces parens auront tort.

Les enfans doivent aller à l'école jusqu'à leur quatorzième année, ou bien jusqu'à ce qu'ils sachent lire et écrire ; — et si les parens désirent les y conduire encore après, jusqu'à ce qu'ils connaissent les nombres, celà est à leur disposition. — Les parens qui ne s'acquitteront pas de ce devoir seront avertis par les officiers publics d'envoyer leurs enfans à l'école ; et s'ils n'écoutent point *cet avertissement*, les officiers publics conduiront ces parens en présence du juge, et celui-ci les réprimandera. — Les officiers publics veilleront à ce que leurs enfans se rendent à l'école.

Art. 5.

Si les enfans se montrent paresseux pendant quelques jours et ne se rendent pas à l'école, les officiers publics iront à leur recherche et les y ramèneront. — Ceux qui enseignent chercheront alors quelques petits moyens de leur faire honte et de les encourager à ne point manquer à l'école. — Les enfans eux-mêmes devront prendre soin de ne pas y manquer, afin que leurs parens n'aient point à souffrir de leur négligence. — Qu'ils se rendent régulièrement à l'école, telle est la chose convenable.

XIX.

SUR LE VOL.

Art. 1er.

Si un homme vole quelques fruits ou denrées alimentaires dans l'enclos de quelqu'un autre, et si le propriétaire de ces denrées le desire, cet homme sera jugé et il lui sera imposé une peine. Si les denrées soustraites sont en petite quantité, il donnera deux cochons, ou bien, en argent, 5 dollars; si ces denrées sont en quantité considérable, le voleur donnera 4 cochons au propriétaire; sinon, en argent, 10 dollars.

Art. 2.

Lorsque des objets auront été volés, le voleur devra restituer ces objets volés par lui; ou, sinon, les payer de façon que le paiement soit d'une valeur égale à celle de l'objet enlevé. — Ce voleur sera aussi jugé et condamné. Voilà quelle sera sa première peine : il devra fournir deux objets par chaque objet volé. — Si l'objet volé par lui est de peu de valeur et ne représente pas, doublé, l'équivalent de 3 dollars, le voleur remettra 3 dollars. — Voilà quelle sera sa seconde peine : — le voleur paiera au propriétaire de l'objet volé *un dédommagement pour* le tort causé à ce propriétaire par le fait du vol. — Le juge réglera, avec soin, les valeurs qui devront être payées pour ces dommages. — Que, dans aucun cas, ces valeurs ne soient inférieures à celle de l'objet volé.

Si cet homme vole de nouveau, il sera encore condamné aux différentes peines indiquées ci-dessus, on le condamnera, en outre, à la peine de l'emprisonnement pendant 15 jours; et si le juge pense que ce nombre de jours soit insuffisant, il pourra l'augmenter jusqu'à 3 mois.

Si cet homme s'obstine encore dans le vol, et s'il se rend coupable de ce fait pour la troisième fois, il sera encore jugé et condamné. Voilà quelle sera sa peine : il sera banni. — Le bannissement durera une année, et si le juge pense que ce tems soit trop court, il pourra l'augmenter jusqu'à cinq années.

Art. 3.

Que les miroa ne saisissent point les propriétés des parens des personnes condamnées, qu'ils ne leur parlent point *à cet égard.* — Eux-mêmes porteront leurs regards sur leur parent; et sinon, n'importe. — Les injonctions des miroa devront s'adresser à la personne condamnée, et leur saisie *devra s'effectuer sur des objets à elle appartenant.* Et si le voleur ne possède aucun objet susceptible d'être pris en paiement pour satisfaire à son amende, cette amende sera payée par un travail exécuté au profit du propriétaire des objets volés, en réglant avec soin la grandeur de ce travail d'après celle de l'amende.

Art. 4.

Si un homme brise et force la maison d'un autre, dans le but de voler, il sera jugé et on lui imposera une peine. Voilà quelle sera sa peine : on le retiendra en prison pendant une année; il sera condamné également aux peines indiquées dans l'article 2 de cette loi.

Art. 5.

Si un homme vient, durant la nuit, forcer la maison de quelqu'un autre, — l'homme de la maison cherchera les moyens qui lui conviendront pour sa défense et celle de sa famille; et si le voleur est tué par lui dans cette défense, n'importe sa mort, la loi n'inquiétera point cet homme pour cela.—Si le voleur n'est point tué, il sera jugé et condamné selon ce qui est prescrit à l'article 3 de la présente loi.

XX.

SUR LE DOMMAGE FAIT A LA PROPRIÉTÉ D'AUTRUI.

Art. 1er.

Toutes les maisons sont sacrées : on ne doit point y produire de désordre ni en inquiéter les habitans.—Qu'aucune personne, soit française, soit étrangère ou indigène, ne pénètre à l'intérieur d'un enclos ou dans la maison de quelqu'un autre, sans le consentement du propriétaire de l'enclos ou de la maison. Si quelqu'un agit ainsi et ne s'éloigne point, lorsque le propriétaire de l'enclos ou de la maison le lui dira, il sera jugé et condamné à une amende. Voilà quelle sera son amende : un dollar, et si le juge pense qu'un dollar soit trop peu, il pourra augmenter *cette amende* jusqu'à *la somme de* 4 dollars.—Et si, 48 heures étant écoulées, cette amende n'a point encore été payée, on retiendra en prison, pendant un jour, la personne qui aura été condamnée; *et* si le juge pense que ce *tems* soit trop court, il pourra prolonger la durée de l'emprisonnement jusqu'à trois jours.

Si cette personne n'écoute point les paroles du propriétaire de l'enclos ou de la maison, et qu'il soit nécessaire d'user de moyens de vigueur pour l'éloigner, son amende sera de 4 dollars; et si le juge pense que cette somme soit trop faible, il pourra l'augmenter jusqu'à 10 dollars. *Cette personne subira* encore une autre peine, celle de l'emprisonnement pendant trois jours; et si le juge pense que ce *nombre de jours* soit insuffisant, il pourra l'augmenter jusqu'à 5 jours. —*Le coupable subira,* en outre, toutes les autres peines que prescrivent les lois et qu'il se sera attiré lui-même pour ne les avoir point suivies.

Art. 2.

Si quelqu'un prend le cheval d'un autre sans que le propriétaire le sache, soit pour le monter, soit pour l'ateler à une voiture,—*la personne qui aura pris ce cheval* sera jugée et condamnée à une amende. Voilà quelle sera son amende :

10 dollars. — 7 dollars pour le propriétaire du cheval, un dollar pour le Gouvernement protecteur, 1 dollar pour le gouverneur de sa propre et véritable terre, un dollar pour les imiroa. Cette amende de 10 dollars est pour un seul jour. — Si ce cheval reste longtems entre les mains de la personne qui l'aura pris à tort, — soit deux et trois jours, — on infligera à cette personne une nouvelle amende, *qui sera de* 5 dollars pour chacun de ces jours.

Art. 3.

Si quelqu'un prend le cheval d'un autre et en fait usage, sans le consentement du propriétaire, et que ce cheval meure, ou soit blessé de telle façon à ne pouvoir plus remplir aucun travail, — l'homme qui en aura fait usage sera jugé et il lui sera imposé une peine. Voilà quelle sera sa peine : il paiera la valeur véritable de ce cheval au propriétaire, et, de plus, 30 dollars pour le dommage, — *dont* 15 au propriétaire, 5 au Gouvernement protecteur, 5 au gouverneur de sa propre et véritable terre, et 5 aux imiroa.

Si le mal qu'à éprouvé l'animal est léger, et s'il se rétablit, on réglera avec soin l'amende selon la gravité des dommages.

Art. 4.

Si une personne loue le cheval de quelqu'un autre et maltraite ce cheval, avec l'intention réelle de le mettre en mauvais état, cette personne sera jugée et il lui sera imposé une peine ; — on réglera sa peine d'après le dommage causé à ce cheval. — Si le cheval devient boîteux ou malade, quoique traité avec soin par la personne qui l'aura loué, cette personne ne sera point condamnée.

Art. 5.

Tout homme qui tuera des animaux appartenant à d'autres personnes sans qu'il y ait eu aucun tort du côté de ces bestiaux, — soit un bœuf, un cheval, un cochon ou tout autre animal ; soit une poule et tout oiseau *élevé pour servir de* nourriture. — *Tout homme qui se rendra coupable de ce fait* sera jugé et condamné à une amende. — On réglera, avec soin, la valeur de cette amende suivant celle des animaux tués par lui et le dommage causé au propriétaire.

Art. 6.

Si un homme maltraite des animaux appartenant à d'autres personnes, dans l'intérieur de son propre enclos; soit en les blessant à coups de hâche, les transperçant avec une pique ou par tout autre moyen, les imiroa iront voir la clôture; — si c'est une bonne clôture, *suffisamment élevée* et n'étant brisée en aucun endroit, le propriétaire de l'enclos n'aura point eu tort : — il ne devra pas être jugé. — Mais si c'est une clôture mauvaise, basse et faible, l'homme qui aura blessé ces bestiaux sera coupable : il sera jugé et condamné Voilà quelle sera sa peine : il paiera au propriétaire des bestiaux le dommage qu'il lui aura causé, — la valeur à payer devant être soigneusement réglée d'après le préjudice réel.

Art. 7.

Si un animal franchit une clôture de 5 pieds de haut et pénètre dans un enclos, on jugera le propriétaire de cet animal et il devra payer les dégats commis. Le chef des mutoi ou bien deux imiroa règleront la valeur des dommages causés par cet animal.

Si un animal brise une clôture solide et en bon état, quoique n'atteignant pas cinq pieds d'élévation, le propriétaire de l'animal paiera également le dommage fait à la clôture et aux propriétés renfermées dans l'enclos.

XXI.

SUR LES IMPOSITIONS ANNUELLES.

Cette Loi n'a pas été révisée dans l'Assemblée des Législateurs en cette présente année 1845.

XXII.

CONCERNANT LES VALEURS PROVENANT DES AMENDES.

Art. 1er.

Les hommes désignés comme gardiens des valeurs *provenant des amendes* dans tous les districts, et les juges également de chaque district, écriront avec soin toutes les amendes imposées par ceux-ci; et lorsque ces valeurs *provenant des* amendes seront apportées à Papeete, on devra apporter en même temps le livre *dans lequel elles auront été enregistrées.*

Art. 2.

Tous les districts de Tahiti et Moorea réuniront, avec soin, les produits des amendes. — Le gouverneur du district choisira un homme pour être le gardien de ces valeurs *provenant* des amendes.

Tous les trois mois, le produit des amendes ainsi que l'argent provenant des arrestations et des emprisonnemens, dans tous les districts, devront être apportés à Papeete, et le Régent, une personne nommée par le Commissaire du Roi des Français, et l'homme qui aura été choisi pour apporter ces valeurs provenant des amendes avec le livre sur lequel elles seront enregistrées, partageront ces valeurs ainsi qu'il suit :

Les amendes provenant de jugemens *seront ainsi divisées* : une part pour le Gouvernement protecteur, une part pour le gouverneur du district, une part pour les imiroa de ce même district.

L'argent provenant des arrestations et des emprisonnemens sera ainsi partagé : deux parts pour le Gouvernement protecteur, une part pour les mutoi du district *où ces valeurs auront été réunies*.

Art. 3.

Si l'homme qui aura été désigné comme gardien de ces valeurs en vole une partie, ou si une partie de ces valeurs se perd entre ses mains, cet homme devra payer tout ce qui aura été perdu ou dérobé par lui.

XXIII.

CONCERNANT LA NOMINATION DES OFFICIERS PUBLICS DANS CE GOUVERNEMENT.

Le Commissaire du Roi des Français et le Régent de Tahiti nommeront les Sept *Grands Juges* (1); ils nommeront également les juges de district. — Le gouverneur et le juge de chaque district nommeront les imiroa de leur propre district.

---

(1) *Toohitu.*

Le gouverneur et le juge choisiront les mutoi parmi les hommes d'une bonne conduite. — Ces mutoi ne devront pas être précipitamment nommés et revêtus de leur grade : — lorsqu'ils auront été agréés par le Régent de Tahiti et le Commissaire du Roi des Français, alors seulement ils seront établis comme mutoi.

Le Commissaire du Roi des Français pourra retirer son office au juge de district, qui ne remplira pas avec soin les devoirs de son grade.

XXIV.

CONCERNANT LES PÊCHEURS.

XXV.

CONCERNANT LES DETTES NON PAYÉES.

XXVI.

SUR LES TERRES EN LITIGE.

XXVII.

DE LA DEMEURE DE LA REINE.

XXVIII.

SUR LE PILOTAGE ET L'ANCRAGE DES BATIMENS.

XXIX.

SUR LES NAVIRES APPORTANT DES MALADIES CONTAGIEUSES.

Ces Lois n'ayant pas été révisées dans l'Assemblée des Législateurs en cette année 1845, les juges devront se conformer aux anciennes Lois 24, 25, 26, 27, 28 et 29, établies en l'année 1842, sauf en ce qui ne s'y accorderait point avec ce Code nouveau.

XXX.

CONCERNANT LES PERSONNES QUI N'ACCOMPLIRONT POINT LES PEINES QUI LEUR AURONT ÉTÉ IMPOSÉES.

Si une personne n'accomplit point sa peine ou ne paie pas l'amende à laquelle elle aura été condamnée, les officiers publics iront lui signifier d'accomplir *cette peine* ou de payer cette amende ; et si elle ne l'accomplit pas ou ne la paie point encore, les officiers publics la prendront et la conduiront en prison, et cette personne ne sera point remise en liberté, à moins qu'elle ne consente à accomplir sa peine ou à payer son amende.

XXXI.

CONCERNANT LES JUGEMENS.

Toute personne qui sera jugée dans l'un des districts de Tahiti et de Moorea, le sera par le juge du district.

Si la personne jugée rappelle de ce jugement, elle devra en appeler au Régent, et le Régent choisira deux Toohitu et deux juges de district pour juger cette personne. — Que le le Régent ne choisisse point le juge de district par lequel elle aura été jugée d'abord.

Si cette personne jugée en appelle de nouveau, elle devra encore en appeler au Régent, et le Régent choisira 3 grands juges pour la juger.

Les jugemens des Sept auront lieu quatre fois dans une année : aux mois de janvier, avril, juillet et octobre. Le Régent leur fera connaître lorsqu'ils devront venir pour un jugement.

Pour tous les grands crimes, le Régent pourra dire aux Grands Juges de venir à toutes les époques qui lui conviendront.

Tous les grands crimes, tels que l'assassinat suivi de mort, la rébellion contre le Gouvernement, les mauvais desseins contre le Régent ou toute personne puissante de Tahiti, et tous les autres grands crimes, lorsqu'il n'y entrera ni Français ni étranger, seront jugés par les Sept.

Toutes les prescriptions des anciennes lois qui ne s'accordent point avec ce Code nouveau et avec les Arrêtés du Commissaire du Roi des Français et du Régent sont ici annulées.

Amis,

Gouverneurs, Chefs et Propriétaires, Officiers publics et tous les hommes de ces terres,

Voici les nouvelles Lois que vous devez suivre : ce sont les lois qui ont été revisées dans l'Assemblée des Législateurs en cette année 1845. Les Arrêtés du Gouverneur, Commissaire du Roi près la Reine de ces terres de la Société, qui ont tous été établis avec force de loi dans cette Assemblée des Législateurs, seront imprimés en langue indigène et seront envoyés dans toutes les terres *rangées* sous ce Gouvernement, afin que tous les hommes connaissent ces Lois et ces Arrêtés. — Ils seront aussi donnés à tous les juges, afin qu'ils se conforment dans leurs jugemens à ce Code nouveau. — Gardez avec soin et suivez fidèlement ces présentes lois qui ont été établies pour le bien de ces terres ; observez aussi la parole de Dieu ; ne produisez point le trouble, et réglez vos actions *de manière à concourir* tous à la production du bien général.

Voilà ma parole à vous tous, *hommes de* Tahiti, Moorea et *de* ces terres de la Société, en vous remettant ces Lois.

Soyez sauvés par le vrai Dieu.

Le Régent de Tahiti,

Signé : Paraita ;

Sanctionné :

Le Gouverneur, Commissaire du Roi des Français,

Signé : Bruat.

TABLE

DES LOIS REVISÉES.

E. Amiot et H. Lambert, typ. du Gouvernement.

ARRÊTÉS

DU GOUVERNEUR.

LES ARRÊTÉS

DU GOUVERNEUR

Commissaire du Roi des Français près la Reine des Iles de la Société.

QUI ONT REÇU FORCE DE LOI

DANS LES ASSEMBLÉES DES LÉGISLATEURS

tenues

AUX MOIS DE JANVIER ET DE MAI DE L'ANNÉE 1845

et sont devenus de véritables lois

POUR LES TERRES DE LA SOCIÉTÉ.

PAPEETE

Imprimerie Typographique du Gouvernement.

1845

DÉCLARATION

DE QUELQUES CHEFS ET LÉGISLATEURS.

Certifiant la Décision

Prise dans l'Assemblée du 8 Janvier 1845.

Nous, dont les noms sont *écrits* ci-dessous, faisons savoir que, dans l'Assemblée *tenue* dans la maison du Gouvernement, le 8 janvier 1845, — sur la proposition de Taamu, les Gouverneurs et les Juges de Tahiti et Moorea ont adopté et ont demandé, au Gouverneur, qu'il laissât subsister les dispositions établies par ses Arrêtés et qu'elles demeurassent avec la même force et la même valeur que les lois antérieurement établies pour cette terre.

Nous faisons également connaître que les Gouverneurs de ces deux terres ont demandé que les appointemens des juges de district soient payés par le Gouvernement protecteur.

Nous faisons savoir encore, que les Gouverneurs et les Juges de Tahiti et Moorea ont demandé au Gouverneur que, si un juge n'observait point ses devoirs dans l'exercice de ses fonctions, il lui retirât son grade, et qu'aucun juge ne pût être nommé sans la sanction du Gouverneur, Commissaire du Roi.

Papeete, le 9 Janvier 1845.

Signé : Paraita, Régent ;
Mare, Orateur ;
Taamu, Juge.

Moi, dont le nom est écrit ci-après, interprète du Gouvernement protecteur, je fais savoir que j'assistais à cette

Assemblée, et que les Chefs et personnes d'autorité qui y étaient réunis ont réellement demandé l'adoption des différentes mesures indiquées dans cet écrit.

Signé : ADAM J. DARLING,

Interprète.

EXTRAIT DU PROCÈS-VERBAL

de la Séance tenue le 2 mai 1845

PAR L'ASSEMBLÉE LÉGISLATIVE DES CHEFS INDIGÈNES.

. . . .

PARAITA, *Régent.* « Avant de commencer l'examen de « nos lois, j'ai quelque chose d'important à vous soumettre.

« Il me semble qu'aujourd'hui, vivant sous le Gouvernement du Protectorat, nous devons confier au Gouverneur, « qui est ici le représentant de LOUIS-PHILIPPE, le droit « d'approuver ou de rejeter les lois que nous faisons, et je « crois qu'aucune loi ne doit être mise en vigueur sans la « sanction du Gouverneur, Commissaire du Roi.

« Si vous approuvez cette mesure que chacun lève la main « en signe d'assentiment. » (*Tous lèvent la main.*)

Pour extrait :

Le Commis de Marine, Secrétaire-Archiviste.

Signé : BOUTET.

Moi, dont le nom est écrit ci-après, interprète du Gouvernement, je fais savoir que j'assistais à cette Assemblée, et je témoigne que ces paroles ont été véritablement prononcées par le Régent, et que tous les Chefs et personnes d'autorité, réunis à cette Séance, y ont donné leur assentiment.

Signé : ADAM J. DARLING,

Interprète.

LES ARRÊTÉS

DU GOUVERNEUR

Qui ont été traduits en langue tahitienne.

ARRÊTÉ N° 7,

SUR L'EXPROPRIATION POUR CAUSE D'UTILITÉ PUBLIQUE.

Nous, Gouverneur des Établissemens français de l'Océanie,

Considérant que, lorsqu'il s'agit d'expropriation pour cause d'utilité publique, soit de maisons, soit de terrains, il n'est pas encore possible d'appliquer aux Iles de la Société les principes de la législation française sur la matière;

Considérant que, sur les points que nous occupons dans les Iles de la Société, les besoins de l'armée et de l'Administration ont un caractère d'urgence qu'ils ne peuvent avoir en France; qu'ainsi il y a lieu d'abréger ici les formalités ailleurs et en pareil cas prescrites;

Considérant spécialement qu'il y a nécessité absolue à ne pas interrompre le travail destiné à assurer les positions et les communications de l'armée, une fois qu'il en est ordonné;

Considérant aussi que ces travaux, en consolidant notre établissement dans les Iles de la Société, tendent à ouvrir aux colons et habitans de toutes classes de nouvelles sources de prospérité;

Considérant qu'il est d'une stricte justice que les charges des travaux profitables à tous soient aussi supportés par tous;

Voulant régler enfin tout ce qui est relatif aux achats de terrains et de maisons nécessaires pour l'exécution des plans de défense ou de communications;

Après avoir pris l'avis du Conseil de Gouvernement,

ARRÊTONS :

Art. 1er.

L'expropriation pour cause d'utilité publique sera prononcée par Arrêté du Gouverneur, délibéré en Conseil du Gouvernement.

Art. 2.

L'Arrêté d'expropriation sera notifié administrativement au propriétaire exproprié, avec invitation de dire, dans le délai de deux jours, s'il entend céder sa propriété de gré à gré.

Art. 3.

Il sera prevenu, en même tems et dans tous les cas, que l'Administration a fait choix d'un expert, qui sera nominativement indiqué, à l'effet de procéder contradictoirement à l'estimation de la propriété et d'en fixer le prix, payable en traites sur le Trésor.

Art. 4.

Le propriétaire exproprié ou un expert désigné par lui, par un acte spécial, et l'expert désigné par l'Administration, devront se trouver sur les lieux dans un délai de cinq jours à partir de la susdite notification, pour procéder à l'estimation.

Art. 5.

Si les deux experts s'accordent, la vente de l'immeuble sera consommée par un acte administratif dont l'enregistrement aura lieu sans frais.

Art. 6.

Si les deux experts ne s'accordent pas, ou si l'expert du propriétaire ne paraît point au jour indiqué; ou si enfin le propriétaire, étant absent, n'a pas pu nommer un expert, le juge de paix, à la requête de l'Administration, nommera d'office, dans les vingt-quatre heures, un expert qui sera chargé de procéder seul à l'estimation.

Art. 7.

L'expertise prendra pour base le contrat de vente, le prix de la location des maisons; et, de plus, en ce qui concerne les terrains, la valeur de ceux qui leur sont contigus ou de même nature. Son estimation sera considérée comme un arbitrage; elle sera définitive et sans appel.

Art. 8.

Les cas de plus-value ne devront s'entendre que des améliorations matérielles, et non de celles qui résulteraient d'une extension d'occupations militaires qui auraient augmenté la valeur des propriétés.

Art. 9.

L'expert nommé par le juge de paix devra déposer, dans un délai de trois jours, son procès-verbal d'estimation mentionnant les bases sur lesquelles elle a été faite.

Ce procès-verbal sera fait en deux expéditions, dont l'une sera remise au propriétaire et l'autre déposée dans les archives du Domaine.

Art. 10.

Le jugement portant fixation d'indemnité, une fois rendu, l'Administration se mettra en possession de l'immeuble exproprié, après avoir délivré au propriétaire un titre qui constate sa créance.

Art. 11.

Toutes les fois que, par suite d'un Arrêté délibéré en Conseil du Gouvernement et publié dans les formes voulues, il sera ouvert une route nouvelle, les propriétaires des terrains traversés devront être dépossédés des portions qu'elle devra comprendre.

Art. 12.

Dans le cas de l'article précédent, la plus-value pour les avantages acquis aux terrains restans, sera considérée comme une compensation de toute indemnité pour les terrains qui seront occupés par la route ou fouillés pour emprunt de matériaux nécessaires à sa confection.

Toutefois, s'il y avait lieu de démolir des maisons, murs ou constructions quelconques, l'expertise en serait faite dans les formes voulues et prescrites ci-dessus ; et, dans ce cas, la plus-value entrerait toujours en déduction de l'indemnité stipulée.

Fait à Papeete, le 15 janvier 1844.

Signé : Bruat.

ARRÊTÉ N° 20.

SUR LES COUPS ET BLESSURES INVOLONTAIRES.

Nous, Gouverneur des Établissemens français de l'Océanie, Commissaire du Roi près la Reine des Iles de la Société,

Considérant que la Loi tahitienne ne contient, relativement au cas d'homicide, blessures et coups involontaires, que des dispositions mal définies et ne s'appliquant qu'à certains cas ;

Que cependant il importe de réprimer sévèrement les abus qui peuvent donner lieu à de tels accidens,

Après en avoir délibéré en Conseil de Gouvernement,

ARRÊTONS :

Art. 1er.

Quiconque, par maladresse, imprudence, inattention, négligence ou inobservation des réglemens, aura commis involontairement un homicide ou en aura involontairement été la cause, sera puni d'un emprisonnement de trois mois à deux ans, et d'une amende de cinquante francs à six cents francs.

Art. 2.

S'il n'est résulté du défaut d'adresse ou de précaution que des blessures ou coups, l'emprisonnement sera de six jours à deux mois, et l'amende sera de seize francs à cent francs.

Art. 3.

Le meurtre ainsi que les blessures et les coups seront excusables, s'ils ont été provoqués par des coups ou violences graves envers les personnes.

Art. 4.

Les peines prononcées par les articles 1 et 2 du présent arrêté sont applicables, indépendamment de tous dommages-intérêts qui pourront être demandés par la partie lésée ou par la famille du décédé, lorsqu'il y aura meurtre.

Fait à Papeete, le 25 mai 1844.

Signé : BRUAT.

ARRÊTÉ N° 21

PORTANT RÈGLEMENT DE VOIRIE.

Nous, Gouverneur des Etablissemens français de l'Océanie,

Vu le Rapport de M. le Directeur du Génie, en date du 20 mai 1844 ;

Attendu qu'il est urgent de fixer, par un Arrêté, les réglemens de voirie auxquels les habitans de Papeete doivent désormais se conformer ;

Après en avoir délibéré en Conseil de Gouvernement,

ARRÊTONS :

Art. 1er

Aucune construction ne devra être élevée dans la baie de Papeete, sans l'approbation du Directeur du Génie (1).

Art. 2.

Pour toute case ou maison en dehors de l'alignement déterminé, aucun travail extérieur ne pourra être fait. Si de grosses réparations étaient nécessaires, la case ou la maison serait démolie ou reportée en arrière.

Art. 3.

Les clôtures des habitations sur la plage, qui sont en dehors de l'alignement, seront enlevées avant le 1er juillet 1844.

---

(1) Toute demande devra être adressée par écrit au bureau du Génie, où l'on pourra prendre connaissance des plans d'alignement.

Art. 4.

Toute demande de construction sur les nouvelles rues ou places pourra être accordée, en exigeant toutefois, du constructeur, l'obligation de faire la demi-largeur de la route sur toute la longueur de sa maison.

Art. 5.

Nul ne devra boucher ou encombrer les sources ou les rives des cours d'eau, sans autorisation préalable du Directeur du Génie; les sentiers devront avoir quatre mètres au moins, et les routes huit mètres.

Art. 6.

En cas de refus d'un propriétaire de se conformer à l'arrêté ci-dessus, l'autorité pourra faire exécuter les travaux nécessaires, et les frais qui en résulteront seront à la charge du propriétaire.

Fait à Papeete, le 25 mai 1844.

Signé : BRUAT.

ARRÊTÉ N° 30

PORTANT AMENDE CONTRE LES BOUCHERS ET BOULANGERS QUI REFUSENT DE VENDRE.

Les bouchers et boulangers sont tenus de vendre aux personnes qui se présentent l'argent à la main ou qui sont en compte courant avec eux, et acquittent régulièrement ce compte; ce dont le livre de vente fait foi.

L'ordre de numéro dans lequel les acheteurs se présentent doit être observé, pour le tour de vente, sans qu'il soit permis de l'intervertir ou de refuser la vente, tant qu'il se trouve une pièce de viande ou un pain dans le magasin et la maison où le vendeur a fait élection de domicile commercial.

Tout boucher ou boulanger qui voudra augmenter le prix de la viande ou du pain sera tenu d'en faire, quinze jours à l'avance, la déclaration par écrit à M. le Commandant particulier, qui jugera des motifs et donnera ou refusera son approbation.

Les contrevenans au présent arrêté, traduits devant le Juge de Paix, seront condamnés à une amende de cent francs pour la première fois; ladite amende pourra, suivant l'appréciation du juge, être augmentée de cinquante francs à chaque récidive.

Papeete, le 19 août 1844.

Le Commandant particulier des
Iles de la Société,

Signé : d'Aubigny ;

Approuvé :

Le Gouverneur des Établissemens français
de l'Océanie,

Signé : Bruat.

ARRÊTÉ N° 33

RÉGLANT LES DISPOSITIONS DES VENTES ET LOCATIONS DE TERRAINS.

Nous, Gouverneur des Établissemens français de l'Océanie,

Vu l'article 7 de l'Ordonnance royale du 28 avril 1843 ;

Vu les difficultés et les réclamations qui se présentent relativement aux vrais propriétaires indigènes des terres.

Le Conseil de Gouvernement entendu,

ARRÊTONS :

Art. 1er.

Toute location de terrain faite à un Européen devra être affichée, pendant dix jours, sur la place du chef de district;

elle sera communiquée au juge du district avant d'être affichée ; ce juge ne devra y apposer sa signature que lorsque ce laps de tems sera écoulé.

Il statuera sur les réclamations qui lui seront faites, et, s'il ne peut prononcer, en connaissance de cause, quel est le vrai propriétaire, il demandera l'assemblée des juges réunis.

Art. 2.

Ces assemblées ne se réuniront, pour prononcer sur la limite des terrains et celle des propriétés, que d'après une convocation du Gouverneur, à qui sera envoyée, par écrit, la décision de l'assemblée.

Art. 3.

Le Directeur des Domaines n'inscrira sur son rôle les titres de propriétés que quand ces conditions auront été remplies.

Art. 4.

Toutes décisions des assemblées indigènes, aux débats desquelles assisteront des blancs, sans l'autorisation écrite du Gouverneur, seront nulles de plein droit, leur intervention étant illégale et nuisible.

Art. 5.

Tout blanc qui ne se rendrait pas à l'injonction des juges assemblés, y sera contraint par la force, et passible d'une amende de vingt-cinq à cent francs, et d'un emprisonnement d'un à trois jours. Cette peine sera prononcée séance tenante par les juges.

Papeete, le 1er octobre 1844.

Signé : Bruat.

Les articles 1, 2, 3 et 4 ont été abrogés par l'Arrêté du 13 octobre 1845.

ARRÊTÉ N° 39

FIXANT LES FRAIS DE JUSTICE POUR LA COUR D'APPEL.

Nous, Gouverneur des Établissemens français de l'Océanie,

Considérant que, dans toute affaire civile portée devant les Tribunaux de la Colonie, la justice entraîne à des frais qu'il convient de faire supporter aux parties,

Le Conseil de Gouvernement entendu,

ARRÊTONS :

Art. 1er.

Toutes les fois qu'un procès aura été porté devant la Cour d'appel, la partie condamnée paiera, pour frais et dépens, la somme de deux cents à cinq cents francs.

Art. 2.

Ladite somme sera exigible dans le délai de huit jours, après le jugement rendu.

Le défaut de paiement entraînera la contrainte par corps.

Art. 3.

Le montant des frais des jugemens prononcés par le Tribunal sera versé à la Caisse municipale par les soins du Greffier, qui en tiendra registre.

Papeete, le 22 décembre 1844.

Signé : BRUAT.

ARRÊTÉ N° 40

CONCERNANT LA COUR D'APPEL.

Nous, Gouverneur des Etablissemens français de l'Océanie,

ARRÊTONS :

La Cour d'Appel des Etablissemens français dans l'Océanie siégera les 15 et 30 des mois d'avril, août et décembre de chaque année.

Papeete, le 22 décembre 1844.

Signé : BRUAT.

ARRÊTÉ N° 42

CONCERNANT L'INTERDICTION DES FRANÇAIS ET DES ETRANGERS DANS LES ASSEMBLÉES INDIENNES.

Nous, Gouverneur des Etablissemens français de l'Océanie,

Vu l'art. 7 de l'Ordonnance royale du 28 avril 1843;

Considérant que la présence des étrangers dans les Assemblées porte à la fois préjudice à l'ordre et aux vrais intérêts des indigènes;

Afin d'éviter toute équivoque sur les termes de notre Arrêté du 1er octobre 1844,

Le Conseil de Gouvernement entendu,

ARRÊTONS :

Les articles 5 et 6 de notre Arrêté du 1er octobre précité, sont applicables à tous les étrangers qui, sans notre autorisation, assisteront à des assemblées où se traitent les affaires du pays, quel que soit d'ailleurs l'objet de la délibération.

Papeete, le 6 janvier 1845.

Signé : BRUAT.

ARRÊTÉ N° 43

CONCERNANT L'ABATAGE DES BESTIAUX.

Nous, Gouverneur des Etablissemens français de l'Océanie,

Voulant empêcher la destruction du gros bétail dans les Iles de la Société;

Considérant que dans les chasses faites à ces animaux, il s'en perd toujours un grand nombre de blessés, et dont la mort ignorée, loin de profiter à la colonie, diminue d'autant les ressources;

Considérant, en outre, que, contrairement à notre Arrêté du 1er février 1844, il se tue des vaches pleines ou dont les cornes ont moins de six anneaux;

En vertu de l'article 7 de l'Ordonnance du 28 avril 1843,

Le Conseil de Gouvernement entendu,

ARRÊTONS :

Il est défendu de vendre et d'apporter en ville du gros bétail, tué ailleurs qu'à Papeete.

Les contrevenans seront passibles d'une amende de dix à vingt piastres, et l'acheteur sera passible de la même amende.

Papeete, le 6 janvier 1845.

Signé : BRUAT.

ARRÊTÉ Nº 51

CONCERNANT L'ORGANISATION DE LA JUSTICE DE PAIX.

Art. 14.

Dans les causes entre Français, entre étrangers, ou entre Français et étrangers, les lois françaises, modifiées par les Arrêtés du Gouverneur, Commissaire du Roi, seront seules appliquées par le Juge de Paix.

Dans les procès mixtes, il appliquera, selon les circonstances, les lois françaises, les arrêtés locaux ou les lois indigènes.

Dans ces dernières causes, le Juge de Paix s'adjoindra le Juge indien.

Papeete, le 13 Avril 1845.

Le Régent,
Signé : PARAITA.

Signé : BRUAT.

ARRÊTÉ Nº 52

FIXANT LA COMPOSITION DE LA COUR D'APPEL, DES TRIBUNAUX DE 1RE INSTANCE ET DE PAIX.

Dans les causes mixtes, c'est-à-dire où les intérêts des indigènes seront engagés avec ceux des Français ou des étrangers, la composition des Tribunaux sera modifiée de la manière suivante :

Si l'affaire est portée devant la Cour d'Appel, par l'adjonction du Régent et du Président de la Haute Cour indigène, et, en cas d'empêchement de l'un des deux, par l'adjonction d'un grand juge nommé par le Régent et agréé par le Commissaire du Roi.

Si l'affaire est de la compétence du Tribunal de Ire Instance, par l'adjonction de deux raatira-fenua (juges de districts) également nommés par le Régent et agréés par le Commissaire du Roi.

S'il s'agit d'une affaire de Justice de Paix, par l'adjonction du Juge tahitien de Papeete au Juge de Paix.

Papeete, le 13 avril 1845.

Le Régent,

Signé : PARAITA.

Signé : BRUAT.

ARRÊTÉ N° 58

FIXANT LES FRAIS DE JUSTICE POUR LE TRIBUNAL DE Ire INSTANCE.

Nous, Gouverneur des Établissemens français de l'Océanie, Commissaire du Roi près la Reine des Iles de la Société.

Vu l'art. 7 de l'Ordonnance royale du 28 avril 1843 ;

Considérant que, dans toute affaire civile portée devant les Tribunaux de la Colonie, la justice entraîne à des frais qu'il convient de faire supporter aux parties ;

Attendu que les frais fixés par l'Arrêté du 5 août 1844 ne sont pas en rapport avec les dépenses occasionnées à l'Etablissement par l'Administration de la Justice,

Après en avoir délibéré en Conseil de Gouvernement,

AVONS ARRÊTÉ :

Art. 1er.

Lorsqu'un procès aura été porté devant le Tribunal de Ire Instance, la partie condamnée paiera, pour dépens, une somme dont le Tribunal fixera le chiffre ; mais qui ne pourra être moindre de cent francs ni excéder deux cent cinquante francs.

Art. 2.

Ladite somme sera exigible dans le délai de huit jours, après le jugement. Le défaut de paiement entrainera la contrainte par corps.

Art. 3.

Le montant des frais des jugemens, prononcés par le Tribunal, sera versé à la Caisse municipale par les soins du Greffier qui en tiendra registre.

Art. 4.

Notre arrêté en date du 5 août, portant fixation des frais de justice, est et demeure abrogé.

Fait à Papeete, le 18 septembre 1845.

Signé : Bruat.

ARRÊTÉ N° 61

Fixant le mode de vente, donation ou location à long terme des terrains appartenant aux indigènes, et cédés à des Francais ou étrangers.

Nous, Gouverneur des Etablissemens français de l'Océanie, Commissaire du Roi près la Reine des Iles de la Société.

Vu la loi 26e du Code tahitien de 1842 ;

Vu la loi 12e du même Code de 1845, concernant les ventes, locations et donations de terrains ;

Vu nos Arrêtés du 26 janvier et 1er octobre 1844, nos 10 et 33, au sujet des mêmes ventes et locations ;

Attendu qu'il est opportun de compléter les mesures ordonnées par ces arrêtés et de faciliter les transactions, en assurant les droits réciproques des contractans;

Vu l'art. 7 de l'Ordonnance royale du 28 avril 1843,

Le Conseil de Gouvernement entendu, et de concert avec le Régent des Iles de la Société,

Avons arrêté et arrêtons ce qui suit :

TITRE Ier.

Formalités à suivre avant de passer l'acte :

Art. 1er.

Aucune vente, donation d'immeuble ou location à long terme, ne pourra avoir lieu entre indigènes et Français, ou indigènes et étrangers, sans que le Directeur du Domaine et de l'Enregistrement n'ait été prévenu dix jours avant la conclusion du contrat, et sans que la vente, location ou donation, n'ait été rendue publique par l'apposition des affiches légales, à Papeete et au lieu de la transaction, pendant ces mêmes dix jours.

Art. 2.

Dans tous les cas, le Gouverneur, Commissaire du Roi, se réserve le droit, soit de s'opposer à la vente, location ou donation : soit de se substituer à l'acheteur ou au locataire, en acceptant les conditions du contrat.

Art. 3.

Les jours d'affiches compteront à partir de celui où elles auront été apposées à Papeete.

Le juge de district signera l'affiche pour constater qu'elle lui a été communiquée, et en donnera connaissance au chef.

Art. 4.

Les dix jours écoulés, le juge, s'il n'y a pas de réclamations, signera le contrat, en y écrivant la mention suivante :

« Il n'a été fait aucune réclamation sur cette transaction, et « je crois que nommé , indigène, est le « vrai propriétaire de l'immeuble vendu, loué ou donné. » ou que « les nommés , indigènes, « sont les vrais propriétaires de l'immeuble vendu, loué ou « donné. »

Art. 5.

S'il y a des réclamations ou que le juge ait des doutes sur la validité des titres, il demandera au juge de district de convoquer les Hui-Raatira qui jugeront conformément à la 26e loi du Code de 1842.

Ils rendront leur jugement par écrit; ce jugement sera signé, au moins, par quatre Hui-Raatira et le juge.

Art. 6.

Le jugement sera conçu en ces termes : « Nous, les auto- « rités, le juge et les constables du district de , « déclarons, après un mûr examen, que la propriété (la « nommer et donner les limites) appartient au nommé « (mettre le nom ou les noms des propriétaires), indigène, « qui, seul, a le droit d'en disposer. » ou « aux nommés « , indigènes, qui, seuls, ont le droit d'en « disposer. »

Art. 7.

S'il s'élève une nouvelle contestation sur ce jugement, la personne, qui se croira lésée, pourra demander au Régent que l'affaire soit portée à la session trimestrielle des Toohitu (Grands Juges), et le Directeur des Affaires indigènes veillera à ce qu'elle reçoive la suite convenable.

Cette demande devra, sous peine de déchéance, être faite dans les trois mois qui suivront le jugement des Hui-Raatira.

Art. 8.

Le Gouverneur, Commissaire du Roi, devra toujours être prévenu de la convocation des Toohitu, et aucune session extraordinaire de ce Tribunal ne pourra avoir lieu si elle n'est autorisée par lui.

Art. 9.

Les parties intéressées seront prévenues, huit jours à l'avance, par le juge de district, de l'assemblée des Hui-Raatira et de celle des Toohitu.

Art. 10.

Les Toohitu devront statuer sur les causes qui leur seront soumises, à leur plus prochaine assemblée trimestrielle et conformément à la loi 26ᵉ du Code 1842.

Art. 11.

Le jugement écrit, sera signé par tous les Juges présens. Il devra être conçu en ces termes : « Nous, les soussignés, « Grands Juges, déclarons, après un mûr examen, que la « propriété (la nommer et donner les limites) appartient au « nommé (mettre le nom), indigène, qui, seul, a le droit « d'en disposer. » ou « aux nommés , indigè- « nes, qui, seuls, ont le droit d'en disposer. »

Art. 12.

Ce jugement devra être envoyé au Directeur de l'Enregisment par le Juge de district

Il en sera de même pour le jugement des Hui-Raatira.

Art. 13.

Si l'un des Toohitu est intéressé dans l'affaire, il pourra défendre ses droits, mais il ne pourra ni juger ni signer.

Il en sera de même au Tribunal des Hui-Raatira.

Art. 14.

L'accomplissement des formalités, ci-dessus précitées, est de rigueur pour la validité des ventes, locations ou donations, entre indigènes et Français ou indigènes et étrangers.

Titre II.

Formalités pour la passation et l'enregistrement de l'acte :

Art. 15.

Les contractans devront, en outre, se conformer aux dispositions suivantes : Toute vente, location à long terme ou donation, doit être stipulée dans un acte écrit, daté et signé au moins par deux témoins.

Cet acte sera dressé en double expédition : l'une en langue tahitienne, l'autre en français ; cette dernière expédition sera seule enregistrée.

Art. 16.

Cet acte énoncera les noms des contractans ; le nom, l'étendue et les limites de la propriété cédée ; le prix convenu et les autres conditions du marché.

Art. 17.

S'il y a eu jugement pour constater les titres des propriétaires, copie en sera jointe au contrat.

Art. 18.

L'acte devra être déposé à l'enregistrement dans les huit jours qui suivront sa passation, et devra préalablement être soumis aux visas du Directeur du Génie et du Gouverneur, Commissaire du Roi.

Art. 19.

Il sera enregistré sommairement, sans frais ; mais si l'acquéreur, locataire ou donateur, le demande, il sera enregistré textuellement, et cet enregistrement se paiera à raison de dix francs par acte et par chaque pièce qu'on voudra faire inscrire.

Art. 20.

Les acquéreurs qui négligeront de remplir, dans les délais fixés, les formalités ci-dessus prescrites, ne pourront produire leurs titres, en justice, qu'après avoir payé sept pour cent (7 p. °/₀) du prix de l'achat de l'immeuble, ou du prix d'estimation si c'est une donation.

Le droit à percevoir sera égal à six mois de la rente capitalisée, au taux de quatorze pour cent (14 p. °/₀), si le prix est payable en rente.

En recevant le montant de ses droits, le Directeur de l'Enregistrement enregistrera le contrat.

Art. 21.

Tout contrat de vente, donation ou location, antidaté, sera nul de plein droit, et les contractans seront condamnés à une amende de mille à cinq mille francs, sans préjudice de toute autre peine prévue par la loi.

La moitié de l'amende sera dévolue à la personne qui aura fait connaître le délit.

Titre III.

Formalités pour le cadastre.

Art. 22.

Si la propriété est entre Faaa et Haapape, ces deux districts compris, l'acquéreur, locataire ou donataire, devra accompagner l'acte d'un plan figuratif du terrain.

Art. 23.

Ce plan sera dressé par les arpenteurs du Gouvernement ; il devra être porté sur le Livre du Cadastre, tenu au Domaine, et porté au numéro d'ordre.

Art. 24.

Les personnes dont les contrats sont déjà enregistrés sommairement, et qui en demanderont l'enregistrement textuel, ne pourront l'obtenir qu'en se conformant aux prescriptions de l'article précédent.

Art. 25.

Il sera alloué à l'arpenteur, par le propriétaire du terrain, la somme de dix francs par hectare et celle de dix francs par myriamètre, pour indemnité de route et de déplacement.

TITRE IV.

Réserves des ayant droit non connus, lorsqu'il n'y a pas eu jugement.

Art. 26.

La vente et la location d'un immeuble ne pourront être définitives qu'après un location préalable de quatre années, afin que, s'il se présentait une personne élevant des prétentions, elle pût faire valoir ses droits.

Ces ventes et locations auront leur plein et entier effet à l'expiration des quatre années de location, sans qu'il y ait besoin d'un nouveau contrat.

Quand il y aura vente, il sera stipulé de la location et de la vente par ce seul et même contrat.

Art. 27.

Si, pendant ces quatre années de locations, une personne élève des prétentions sur la propriété, elle sera admise à les faire valoir, et s'adressera, à cet effet, au juge du district.

L'affaire suivra son cours, ainsi qu'il est prescrit au Titre Ier, à moins qu'il n'y ait déjà eu jugement des Toohitu ; dans ce cas, il ne pourra y avoir d'autre recours que celui prévu par le Titre VII du présent arrêté.

Art. 28.

Si la réclamation a été faite avant l'expiration de la première année, et qu'elle ait été reconnue juste, le réclamant pourra exiger la remise de la propriété; mais, cette première année écoulée, il ne pourra prétendre qu'à se substituer au vendeur, en acceptant toutes les conditions du contrat, dont il ne pourra, en aucun cas, annuler l'effet vis-à-vis du preneur.

Art. 29.

Dans l'un et l'autre cas, le premier vendeur restera responsable, par devers les parties lésées, de tous dommages-et-intérêts; et, s'il y a fraude, il sera passible de toutes les autres peines prévues par la loi.

Titre V.

Contestations pour les limites des propriétés :

Art. 30.

Lorsqu'il y aura des discussions sur les limites des propriétés, entre indigènes et Français ou étrangers, elles seront soumises au Juge de Paix et au Juge de district qui prendront l'avis des Hui-Raatira.

Art. 31.

Le jugement prononcé par ces deux juges sera soumis à l'appel dans les cas prévus par l'Arrêté du 13 avril sur l'organisation de la Justice de Paix.

Titre VI.

Exécution des Jugemens.

Art. 32.

Si, dans le courant de la première année de location, un jugement des Toohitu établit les droits d'un propriétaire autre que celui qui a effectué la vente, location ou donation, ce jugement sera renvoyé au Directeur de l'Enregistrement qui le fera signifier au Français ou à l'étranger dont le contrat doit être annulé.

Art. 33.

Si le véritable propriétaire veut rentrer en possession, en annulant les premières conventions, il s'adressera au Tribunal de Ire Instance, qui statuera sur la demande en s'appuyant sur la décision des Toohitu.

Art. 34.

Le Tribunal notifiera son arrêt au Directeur de l'Enregistrement, qui opérera les mutations en conséquence sur ses registres.

Art. 35.

Si la réclamation n'a été faite qu'après l'expiration de la première année de location, le jugement sera également renvoyé au Directeur de l'Enregistrement, qui le fera signifier au preneur pour qu'il ait à faire rectifier son contrat de vente ou location, conformément au jugement des Toohitu.

TITRE VII.

Cas de vices de formes :

Art. 36.

La Loi 26e de 1842 et le présent arrêté prescrivent des formes protectrices pour les intéressés et sans lesquelles les jugemens ne peuvent avoir de valeur. Dans le cas où ces formes auraient été omises, les parties pourront en référer au Commissaire du Roi et au Régent, qui pourront, en cas d'omission des formes prescrites, soumettre de nouveau l'affaire aux Toohitu.

TITRE VIII.

Dispositions Générales :

Art. 37.

Notre Arrêté du 26 janvier 1844, n° 10, et les articles 1, 2, 3 et 4 de celui du 1er octobre suivant, n° 33, sont et demeurent abrogés.

Art. 38.

Le présent arrêté sera exécutoire, à partir du 1er novembre 1845.

Fait à Papeete, le 13 octobre 1845.

Le Régent,

Signé : PARAITA.

Le Commissaire du Roi,

Signé : BRUAT.

ARRÊTÉ N° 54

RÈGLEMENT DE POLICE DE PAPEETE.

PREMIÈRE SECTION.

Art. 1er.

Il est défendu de se baigner nu, sur la plage, dans toute la partie de la baie qui est habitée.

Art. 2.

Il est défendu de laver sur les ponts, et de mettre du linge au sec sur les barrières et entourages d'autrui.

Art. 3.

Il est formellement défendu de jeter des morceaux de verre sur la voie publique ou dans les ruisseaux ; ils devront être transportés dans le lieu désigné par le Commissaire de Police.

Art. 4.

Nul ne pourra laisser séjourner dans les cours, jardins ou dépendances de sa maison, non plus que sur la partie de la voie publique qui l'avoisine, des immondices pouvant porter atteinte à la salubrité publique.

Art. 5.

Les propriétaires ou locataires de maisons devront, au moins, le vendredi de chaque semaine, faire nettoyer la partie de la voie publique le long de laquelle s'étend leur habitation ; ils devront, toutes les fois que la chose sera nécessaire et au premier avertissement qui leur sera donné à cet effet, faire enlever les herbes et plantes qui encombrent la route le long de leur enclos.

Art. 6.

Il est défendu d'encombrer la voie publique en y laissant, sans nécessité absolue, des matériaux qui empêchent ou diminuent la liberté du passage.

Art. 7.

Il est défendu de dégrader ou de détériorer la voie publique, et de détruire les plantations faites sur les routes ou sur les places.

Art. 8.

Tout acte susceptible de porter atteinte à la morale publique ou de causer du scandale, toute querelle, tout tapage, susceptibles de troubler la tranquillité et le bon ordre, sont formellement interdits.

Art. 9.

Les gens ivres, étrangers ou indigènes, qui causeront du désordre ou deviendront un objet de scandale par leur nudité et leurs actes, seront mis en prison jusqu'à ce que leur ivresse soit passée, sans préjudice de l'amende.

Art. 10.

Nul ne pourra, en cas d'urgence, d'incendie, d'inondation ou autre calamité, ainsi que dans les cas de pillage, flagrant délit ou exécution militaire, refuser le secours dont il aura été requis.

Art. 11.

Nul ne pourra refuser les pièces de monnaie françaises, qui ne seront ni fausses ni altérées, pour la valeur qu'elles auront dans l'Etablissement.

Art. 12.

Il est défendu de pénétrer dans les propriétés encloses et cultivées, et d'y cueillir des fruits.

Art. 13.

Les arbres qu'une marque particulière désignera comme réservés, devront être respectés, lors même qu'il ne se trouveront pas dans une propriété close.

Art. 14.

Toute contravention aux articles ci-dessus sera punie de cinq à vingt francs d'amende ; et, en récidive, de vingt à cinquante francs.

Art. 15.

Au coup de canon de retraite, la circulation est interdite à tout indigène n'exerçant pas un emploi public ; ceux qui seront trouvés après huit heures, sur la voie publique, seront conduits en prison, d'où ils ne sortiront qu'après avoir payé les frais fixés, par la loi, à dix francs.

Art. 16.

Il est défendu aux personnes à cheval de galoper dans l'enceinte de Papeete, depuis l'espace compris entre le Camp de l'Uranie et le pont de la rivière de Vai-Hava, sur la route de Papaoa.

Les contrevenans seront passibles de vingt francs d'amende, sans préjudice de dommages-intérêts envers toute partie civile, s'il y a lieu.

Art. 17.

Tout résident de Papeete qui aura logé chez lui un étranger qui ne sera pas muni d'une autorisation de séjourner à Papeete, sera puni d'une amende de quarante à deux cents francs.

212

Art. 18.

Nul ne pourra laisser des pirogues ou des embarcations hâlées sur la plage, pendant la nuit, sous peine de dix francs d'amende ou de confiscation de l'embarcation, si elle n'est pas réclamée dans les huit jours qui suivront la constatation de la contravention.

Art. 19.

Tout individu qui aura enlevé ou déchiré les affiches apposées par ordre, ou avec l'autorisation de l'autorité, sera condamné de vingt à cinquante francs d'amende, et, en récidive, de cinquante à cinq cents francs d'amende.

Art. 20.

Les propos tenus en public, qui seront jugés susceptibles de troubler le bon ordre ou de porter atteinte au respect dû à l'autorité, seront punis de cinquante à deux cents francs d'amende et de un à trois jours d'emprisonnement, et, en récidive, de deux cents à cinq cents francs d'amende et de trois à cinq jours d'emprisonnement, lorsqu'ils ne rentreront pas dans un des cas prévus par la Loi du 26 mai 1819.

L'emprisonnement pendant cinq jours au plus pourra être prononcé, pour récidive, dans tous les cas mentionnés dans le présent chapitre.

Les amendes prononcées par le Juge de Paix, pour toutes contraventions au présent règlement, seront exigibles dans les quarante-huit heures qui suivront le jugement.

SECONDE SECTION.

Concernant les spiritueux étrangers, le vin et le cidre.

Art. 1er.

La vente des liqueurs alcooliques est prohibée dans les Iles de la Société. Cependant, le Membre du Conseil, Directeur des Affaires européennes, pourra donner aux personnes qui lui présenteront des garanties de moralité suffisantes, l'autorisation d'en acheter à bord des bâtimens sur rade.

Art. 2.

Toute personne qui aura vendu des liqueurs alcooliques, outre la confiscation de celles qu'on pourrait trouver chez elle, paiera de quinze à trente francs d'amende par quatre litres de liqueurs spiritueuses trouvés et vendus chez elle. Si les quantités saisies sont au-dessous de quatre litres, l'amende restera néanmoins la même.

Art. 3.

Toute personne chez laquelle on trouvera des liqueurs alcooliques, sans qu'elle puisse prouver avoir eu la permission de s'en procurer, outre la confiscation des alcools, paiera de cinq à quinze francs d'amende par quatre litres de liquide. Toute fraction au-dessous de quatre litres entraînera la même amende.

Art. 4.

Les vins falsifiés seront saisis et répandus : les détenteurs et propriétaires renvoyés devant le Tribunal correctionnel, en vertu des dispositions de l'art. 318 du Code pénal.

Art. 5.

Les personnes autorisées à avoir en magasin des liqueurs fermentées ou enivrantes, ne pourront les vendre en quantité moindre de douze bouteilles.

Art. 6.

Elles devront tenir un registre soumis au visa du Commissaire de Police, sur lequel seront portées toutes les boissons qui entreront dans leurs magasins et celles qui en sortiront.

Art. 7.

Elles ne pourront vendre, quelque boisson que ce soit, qu'aux personnes qui leur présenteront un permis signé du Membre du Conseil, Directeur des Affaires européennes. Lorsque ces personnes tiendront un établissement public, le permis devra être visé par le Commissaire de Police.

Art. 8.

Les permis doivent être conservés par le vendeur ; ils lui serviront à justifier de l'emploi des liquides portés sur le registre dont il est parlé à l'article 6.

Fait à Papeete, le 12 mai 1845.

Le Régent,
Signé : PARAITA.

Le Commissaire du Roi,
Signé : BRUAT.

ARRÊTÉ N° 57.

Art. 22.

Les étrangers autorisés à séjourner à Papeete et les indiens remplissant des fonctions publiques à Tahiti, ne pourront circuler, après le coup de canon de retraite, sans s'être précautionnés d'un fanal allumé.

Toute contravention entraînera, outre l'arrestation, une amende de dix à cinquante francs.

Fait à Papeete, le 25 août 1845.

Signé : Bruat.

2/16

TABLE

des

ARRÊTÉS DU GOUVERNEUR.

ARRÊTÉ N° 33.

ARRÊTÉ N° 39.

ARRÊTÉ N° 40.

ARRÊTÉ N° 42.

ARRÊTÉ N° 43.

ARRÊTÉ N° 51.

ARRÊTÉ N° 52.

ARRÊTÉ N° 58.

ARRÊTÉ N° 61.

ARRÊTÉ N° 54.

ARRÊTÉ N° 57.

FIN.

E. Amiot et H. Lambert, typ. du Gouvernement.

www.ingramcontent.com/pod-product-compliance
Ingram Content Group UK Ltd.
Pitfield, Milton Keynes, MK11 3LW, UK
UKHW020243180726
13839UKWH00001B/138

9 782329 259376